U0895117

“十三五”国家重点出版物出版规划项目

转型时代的中国财经战略论丛

中间品贸易自由化对中国制造业企业加成率影响研究

宗慧隽 著

中国财经出版传媒集团
经济科学出版社
Economic Science Press

图书在版编目（CIP）数据

中间品贸易自由化对中国制造业企业加成率影响研究/宗慧隽著．—北京：经济科学出版社，2020.11
（转型时代的中国财经战略论丛）
ISBN 978-7-5218-1960-1

Ⅰ.①中… Ⅱ.①宗… Ⅲ.①自由贸易（中国）-影响-制造工业-工业企业-企业绩效-研究-中国 Ⅳ.①F426.4

中国版本图书馆 CIP 数据核字（2020）第 194778 号

责任编辑：于海汛　冯　蓉
责任校对：王苗苗
责任印制：李　鹏　范　艳

中间品贸易自由化对中国制造业企业加成率影响研究
宗慧隽　著
经济科学出版社出版、发行　新华书店经销
社址：北京市海淀区阜成路甲 28 号　邮编：100142
总编部电话：010-88191217　发行部电话：010-88191522
网址：www.esp.com.cn
电子邮箱：esp@esp.com.cn
天猫网店：经济科学出版社旗舰店
网址：http://jjkxcbs.tmall.com
北京季蜂印刷有限公司印装
710×1000　16 开　12 印张　190000 字
2020 年 12 月第 1 版　2020 年 12 月第 1 次印刷
ISBN 978-7-5218-1960-1　定价：52.00 元
（图书出现印装问题，本社负责调换。电话：010-88191510）

总　序

山东财经大学《转型时代的中国财经战略论丛》（以下简称《论丛》）系列学术专著是"'十三五'国家重点出版物出版规划项目"，是山东财经大学与经济科学出版社合作推出的系列学术专著。

山东财经大学是一所办学历史悠久、办学规模较大、办学特色鲜明，以经济学科和管理学科为主，兼有文学、法学、理学、工学、教育学、艺术学八大学科门类，在国内外具有较高声誉和知名度的财经类大学。学校于2011年7月4日由原山东经济学院和原山东财政学院合并组建而成，2012年6月9日正式揭牌。2012年8月23日，财政部、教育部、山东省人民政府在济南签署了共同建设山东财经大学的协议。2013年7月，经国务院学位委员会批准，学校获得博士学位授予权。2013年12月，学校入选山东省"省部共建人才培养特色名校立项建设单位"。

党的十九大以来，学校科研整体水平得到较大跃升，教师从事科学研究的能动性显著增强，科研体制机制改革更加深入。近三年来，全校共获批国家级项目103项，教育部及其他省部级课题311项。学校参与了国家级协同创新平台中国财政发展2011协同创新中心、中国会计发展2011协同创新中心，承担建设各类省部级以上平台29个。学校高度重视服务地方经济社会发展，立足山东、面向全国，主动对接"一带一路"、新旧动能转换、乡村振兴等国家及区域重大发展战略，建立和完善科研科技创新体系，通过政产学研用的创新合作，以政府、企业和区域经济发展需求为导向，采取多种形式，充分发挥专业学科和人才优势为政府和地方经济社会建设服务，每年签订横向委托项目100余项。学校的发展为教师从事科学研究提供了广阔的平台，创造了良好的学术生态。

习近平总书记在全国教育大会上的重要讲话，从党和国家事业发展全局的战略高度，对新时代教育工作进行了全面、系统、深入的阐述和部署，为我们的科研工作提供了根本遵循和行动指南。习近平总书记在庆祝改革开放40周年大会上的重要讲话，发出了新时代改革开放再出发的宣言书和动员令，更是对高校的发展提出了新的目标要求。在此背景下，《论丛》集中反映了我校学术前沿水平、体现相关领域高水准的创新成果，《论丛》的出版能够更好地服务我校一流学科建设，展现我校“特色名校工程”建设成效和进展。同时，《论丛》的出版也有助于鼓励我校广大教师潜心治学，扎实研究，充分发挥优秀成果和优秀人才的示范引领作用，推进学科体系、学术观点、科研方法创新，推动我校科学研究事业进一步繁荣发展。

伴随着中国经济改革和发展的进程，我们期待着山东财经大学有更多更好的学术成果问世。

山东财经大学校长

2018年12月28日

前　言

"入世"以来，中国积极实施贸易自由化改革，大幅度削减关税和非关税壁垒，推动了中国对外贸易快速发展，中国目前已经是全球货物贸易第一大出口国及第二大进口国。但是在贸易总量迅猛增长的同时，中国制造业企业的绩效水平并不高，尤其是当前经济发展进入新常态后，企业盈利能力下降，经济增速持续放缓。为实现经济可持续发展，亟须进一步激发进口潜力，为此2016年《政府工作报告》明确提出要实施更加积极的进口政策，特别是增加核心设备零件、先进技术和紧缺原材料的进口。目前，中国正进入新一轮中间品贸易自由化阶段，因此有必要深入研究中间品贸易自由化对企业绩效的影响。

企业加成率是衡量企业绩效的重要指标，其高低反映了企业的盈利能力及动态竞争力，而其离散度则反映了企业之间的资源配置效率。因此，本书从企业加成率角度研究中间品贸易自由化对企业绩效的影响。对该问题的深入研究，不仅有助于厘清企业绩效提升的源泉，实现经济可持续发展，同时有助于评估中间品贸易自由化的微观成效，科学评价中国贸易自由化的利弊得失，因此具有重要的理论价值和现实意义。

本书在异质性企业贸易理论框架下，研究中间品贸易自由化对企业加成率的影响及作用机制，并以中国加入世界贸易组织（WTO）后实施的中间品贸易自由化改革为背景，利用中国工业企业数据、海关贸易数据和进口关税数据进行实证检验。本书由7章构成。第1章是导论，主要介绍本书选题的背景与意义，研究方法及研究创新点。第2章是文献综述，主要对中间品贸易自由化及企业加成率为主题的文献进行梳理、归纳和评述。第3章是中间品贸易自由化影响企业加成率的理论分析，该章基于梅里兹和奥塔维亚诺（Melitz and Ottaviano，2008）模型，在企业生产中加入中间品进口及使用行为，从理论上研究中间品贸易自由化对企业加成率的影响及作用机制；并进一步引入产品质量，将中间品贸易自由化、企业最优产品质量选择、企业加成率置于同一个框架下，研究产品质量差异化程度对中间品贸易自由化与企业加成率关系的影响。第4章是典型事实，主要对中国中间品贸易自由化、企业加成率及企业加成率离散度三个核心变量构建指标，使用中国制造业企业数据予以测算，并根据测算结果进行事实描述。第5章是中间品贸易自由化对中国制造业企业加成率影响的实证分析，构建了中间品贸易自由化对企业加成率的影响及作用机制的计量模型、产品质量差异化程度对中间品贸易自由化与企业加成率关系影响的计量模型，使用中国制造业企业数据进行全面的实证检验。第6章是中间品贸易自由化对中国制造业企业加成率离散度影响的研究，先从理论上分析了中间品贸易自由化对企业加成率离散度的影响机制并提出相应的理论假说，接着构建计量模型使用中国制造业企业数据进行实证检验。第7章是研究结论、政策含义与研究展望。

通过理论和经验研究，本书得到以下主要结论：

第一，中间品贸易自由化显著提高了中国制造业企业加成率。边际成本和产品质量是中间品贸易自由化影响企业加成率的重要渠道，中间品贸易自由化通过成本消减效应和质量升级效应提高了企业加成率。

第二，产品质量差异化程度强化了中间品贸易自由化对企业加成率的提高作用，影响了中间品贸易自由对企业加成率的作用机制。在产品质量差异化程度较小的同质行业，中间品贸易自由化仅通过成本消减效应提高了企业加成率；在产品质量差异较大的异质行业，中间品贸易自由化通过成本消减效应和质量升级效应的双重作用提高了企业加成率，因此中间品贸易自由化对异质行业企业加成率的提高作用大于同质行业企业。

第三，中间品贸易自由化显著降低了中国制造业企业加成率离散度，提高了资源配置效率。在位企业加成率变化和低加成率企业退出市场是中间品贸易自由化影响企业加成率离散度的重要渠道。一方面，中间品贸易自由化通过在位企业加成率变化，缩小在位企业加成率差距，降低了企业加成率离散度；另一方面，中间品贸易自由化通过促进低加成率企业退出市场，降低了企业加成率离散度。

目　录

第1章 导　论

1.1 选题背景与研究意义

1.1.1 现实背景与意义

中国在过去20多年进行了一场深刻的贸易自由化变革。从1992年开始，为适应国内市场经济改革及融入国际多边贸易体制，中国开始了一系列大幅度的关税和非关税壁垒削减，其中平均进口关税率从1992年42.9%下降到1997年17.6%①。2001年12月加入WTO后，为全面履行“入世”承诺，中国又开始了新一轮快速贸易自由化阶段（见图1-1），2005年是中国履行“入世”承诺进行关税削减的最后一年，到2005年平均进口关税率从入世前的17%降至9.99%，其中中间品平均进口关税率从入世前的14.15%降至8.23%。值得注意的是，在2001~2005年进口关税率大幅度削减期间，中间品进口额占到总进口额的70%，可见加入WTO的贸易自由化进程基本上是由中间品贸易自由化推动的。在2005年之后，中国平均进口关税率基本保持不变（除了在2011年进口关税率小幅下降，且2012年又恢复至原水平），截至2017

---

① 根据中国海关《进出口税则对照使用手册（中英文对照2020年版）》和WTO的Tariff Download Facility数据库整理计算所得。

年①，中国平均进口关税率为9.75%，中间品平均进口关税率为8.16%。

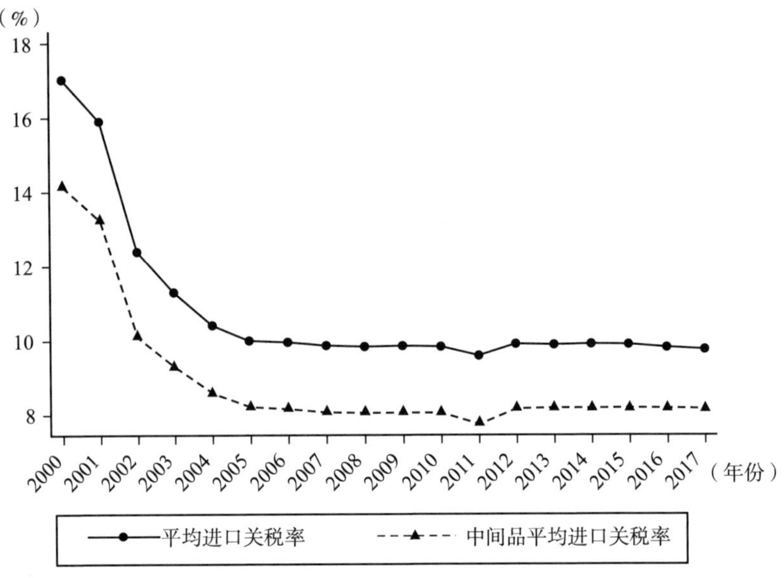

图1-1 2000~2017年中国贸易自由化水平变化趋势

资料来源：根据世界银行的WTIS数据库、WTO的Tariff Download Facility数据库。

伴随着进口关税率的降低，中国进口贸易额持续增长。根据国家统计局数据，从2000年2251亿美元增长到2017年18409亿美元，其中，中间品进口额更是实现了高速增长，从2000年的1706亿美元增长到2017年的14023亿美元，年均增长14.27%。特别是加入WTO后，中间品进口增长速度明显加快，“入世”前增长率仅为4.37%，“入世”后2002年的增长率跨越式提高到20.29%。2009年受金融危机影响，中间品进口额出现下滑，但随着全球经济逐渐复苏，2010年中间品进口额又恢复强劲增长，增长率达到37.49%。截至2017年，中国中间品进口额占总进口额的76.17%，中间品进口已经成为中国经济发展的重要支撑。

① 根据WTO的Tariff Download Facility数据库，目前中国最新的进口产品关税率数据截至2017年。

然而，我们也注意到在贸易总量快速增长的同时，中国制造业企业的绩效水平并不高，世界经济论坛发布的《全球竞争力报告》显示，连续近十年中国全球竞争力排名仅在第26～29名之间。从2014年中国经济发展进入新常态，经济增速持续放缓，企业盈利能力下降，2015年规模以上工业企业利润总额比上年下降了2.3%①，企业平均利润率为3.3%，其中有19.8%的企业利润率为负②。在此背景下，如何提升中国企业的盈利能力和竞争力，提高资源配置效率，实现经济的可持续发展成为经济学家热议的话题，其中外贸领域较一致的观点认为中国应该从出口导向型贸易模式向优进优出的贸易模式转变，为此2016年《政府工作报告》明确提出要实施更加积极的进口政策，增加核心设备零件、先进技术和紧缺原材料的进口，中国正进入新一轮中间品贸易自由化阶段，因此有必要深入研究中间品贸易自由化对企业绩效的影响。

企业加成率，又称为企业成本加成，是企业产品或服务的价格偏离其边际成本的幅度。企业加成率作为衡量企业绩效的重要指标，其高低反映了企业的盈利能力及动态竞争力，而其离散度则反映了企业之间的资源配置效率。具体而言，企业加成率越高，说明企业盈利能力和竞争力越强；企业加成率离散度越低，说明企业间资源配置效率越高。

本书从企业加成率角度研究中间品贸易自由化对企业绩效的影响。中间品贸易自由化使国内企业获得种类更多、质量更高的进口中间品，这对企业加成率及其离散度究竟会产生怎样的影响？对该问题的深入研究，不仅有助于认清中间品贸易自由化影响企业加成率及其离散度的作用机制，厘清企业绩效提升的源泉，实现经济可持续发展；同时有助于评估中间品贸易自由化的微观成效，科学评价中国贸易自由化的利弊得失，对新常态背景下探索中国贸易开放模式提供有益的政策启示，因此具有重要的现实意义。

1.1.2 理论背景与意义

按照微观经济学理论，在一个完全竞争市场中，企业产品价格应等

---

① 资料来源：国家统计局数据。

② 资料来源：中国企业调查数据中心联合武汉大学质量发展战略研究院发布的《2015－2016年中国企业—劳动力匹配调查（CEES）报告》数据。

于其边际成本，此时企业加成率相等且达到资源最优配置效率。但现实中并不存在这样的市场，在现实的不完全竞争市场中，产品价格往往会偏离其边际成本，各个企业制定了异质的企业加成率，企业加成率的异质性也造成了资源错配。由于企业加成率不仅能够反映企业盈利能力及动态竞争力，还反映了企业之间的资源配置效率，因此很早就受到国际贸易理论和产业组织理论的关注，但早期学者认为企业加成率不能被直接测量，所以并没有从理论上对企业加成率的变化给予解释，直到以克鲁格曼为代表的新贸易理论建立后才展开对企业加成率的系统理论研究。

企业加成率的理论研究经历了从外生不变到内生可变的理论演进。在假设不变替代弹性效用函数（CES）的模型中，企业加成率是外生不变的，如伊顿和科蒂姆（Eaton and Kortum，2002）建立的完全竞争李嘉图模型，梅里兹（Melitz，2003）建立的异质性企业贸易理论等。使用外生不变的企业加成率，有利于简化模型分析，便于研究国际贸易对企业其他行为（如生产率、产品质量、出口价格等）的影响。然而，外生不变的企业加成率不但与企业加成率动态变化的事实不符，也因为不考虑行业间或行业内产品替代弹性，使得贸易自由化的福利效应得不到反映，之后学者们通过重新设定需求函数或市场结构研究内生可变的企业加成率问题。梅里兹和奥塔维亚诺（Melitz and Ottaviano，2008）在异质性企业贸易理论框架下，开创性的在垄断竞争模型中使用拟线性二次需求函数，得到水平化差异的需求偏好，将企业加成率内生化，研究贸易自由化对企业加成率的影响，发现贸易自由化通过加剧市场竞争降低了企业加成率。阿特克森和伯斯坦（Atkeson and Burstein，2008）通过设立寡头垄断竞争模型下的伯特兰德（Bertrand）竞争，研究发现当市场中竞争者数量外生给定时，贸易自由化通过改变企业市场份额影响企业加成率。内生可变的企业加成率不仅体现了企业加成率动态变化的事实，使理论模型与经验研究更加贴合，而且拓展了企业异质性维度，基于可变的企业加成率能更深入地研究微观企业绩效问题，更重要的是企业加成率作为贸易利得的一个来源，其反映的贸易福利效应得到进一步揭示。

在这种理论背景下，本书在异质性企业贸易理论框架下基于梅里兹和奥塔维亚诺（Melitz and Ottaviano，2008）模型，在企业生产中加入中间品进口及使用行为，试图从理论上分析中间品贸易自由化对企业加成率的影响及作用机制；并进一步引入产品质量，尝试将中间品贸易自由化、企业最优产品质量选择、企业加成率至于同一个框架下，研究产品质量差异化程度对中间品贸易自由化与企业加成率关系的影响。既是对已有贸易自由化与企业加成率关系研究的有益补充，也在一定程度上拓宽了异质性企业贸易理论的研究维度，更深入地揭示中间品贸易自由化的福利效应。

1.2 研究思路、研究框架与研究内容

1.2.1 研究思路

本书理论研究了中间品贸易自由化对企业加成率的影响及作用机制，并以中国加入 WTO 后实施的中间品贸易自由化改革为背景，利用中国工业企业数据、海关贸易数据和进口关税数据进行实证检验。具体而言，本书首先对中间品贸易自由化及企业加成率为主题的文献进行梳理、归纳和评述；然后从理论方面分析中间品贸易自由化对企业加成率的影响及作用机制；接着对中国中间品贸易自由化、企业加成率和企业加成率离散度三个核心变量构建指标，使用中国制造业企业数据予以定量测算，并根据测算结果进行详细的典型事实分析；基于理论分析和典型事实分析进一步构建计量模型，实证检验中间品贸易自由化对中国制造业企业加成率及其离散度的影响及作用机制；最后是本书的研究结论、政策含义与研究展望。

1.2.2 研究框架与研究内容

本书研究分为 7 章（研究框架如图 1－2 所示），具体安排如下：

第 1 章是导论。本章重点介绍了选题的背景与意义，本书研究的思路与内容，研究方法以及研究的创新点。

第 2 章是文献综述。本章主要围绕四个方面展开，其一系统梳理了

国际贸易与企业加成率的相关研究；其二归纳整理了中间品贸易自由化对企业生产绩效的影响研究；其三总结了中间品贸易自由化对企业加成率的影响研究；其四对现有文献进行简单评述。

第 3 章是中间品贸易自由化影响企业加成率的理论分析。本章首先基于产品同质假设的梅里兹和奥塔维亚诺（Melitz and Ottaviano，2008）模型，在企业生产中加入中间品进口及使用行为，从理论上分析中间品贸易自由化对企业加成率的影响；并进一步引入产品质量，将中间品贸易自由化、企业最优产品质量选择、企业加成率置于同一个框架下，分析当企业间存在产品质量差异时，中间品贸易自由化对企业加成率的影响及作用机制，并且重点研究了产品质量差异化程度对中间品贸易自由化与企业加成率关系的影响。

第 4 章是中间品贸易自由化、企业加成率及其离散度的典型事实。本章主要使用中国进口关税数据和制造业企业数据，对中间品贸易自由化、企业加成率和企业加成率离散度构建指标进行定量测算与分析。其一，构建中间品进口关税指标，测算并分析了中国中间品贸易自由化现状；其二，使用三种方法测算了中国制造业企业加成率，并细分行业和企业展开加成率差异化分析；其三，构建企业加成率离散度指标，细分行业测算并分析了中国制造业加成率离散度现状。

第 5 章是中间品贸易自由化对中国制造业企业加成率影响的实证分析。本章基于第 3 章理论分析，构建了中间品贸易自由化对企业加成率影响及作用机制的计量模型、产品质量差异化程度对中间品贸易自由化与企业加成率关系影响的计量模型，使用中国制造业企业数据进行全面实证检验。

第 6 章是中间品贸易自由化对中国制造业企业加成率离散度影响的研究。本章先从理论上分析了中间品贸易自由化对企业加成率离散度的影响及作用机制，进一步构建了中间品贸易自由化对企业加成率离散度影响及作用机制的计量模型，使用中国制造业企业数据进行全面的实证检验，以此探讨中间品贸易自由化对资源配置效率的影响。

第 7 章是研究结论、政策含义与研究展望。本章对全书理论研究和实证研究的结论进行总结，揭示政策含义，总结了本书研究不足及未来研究改进。

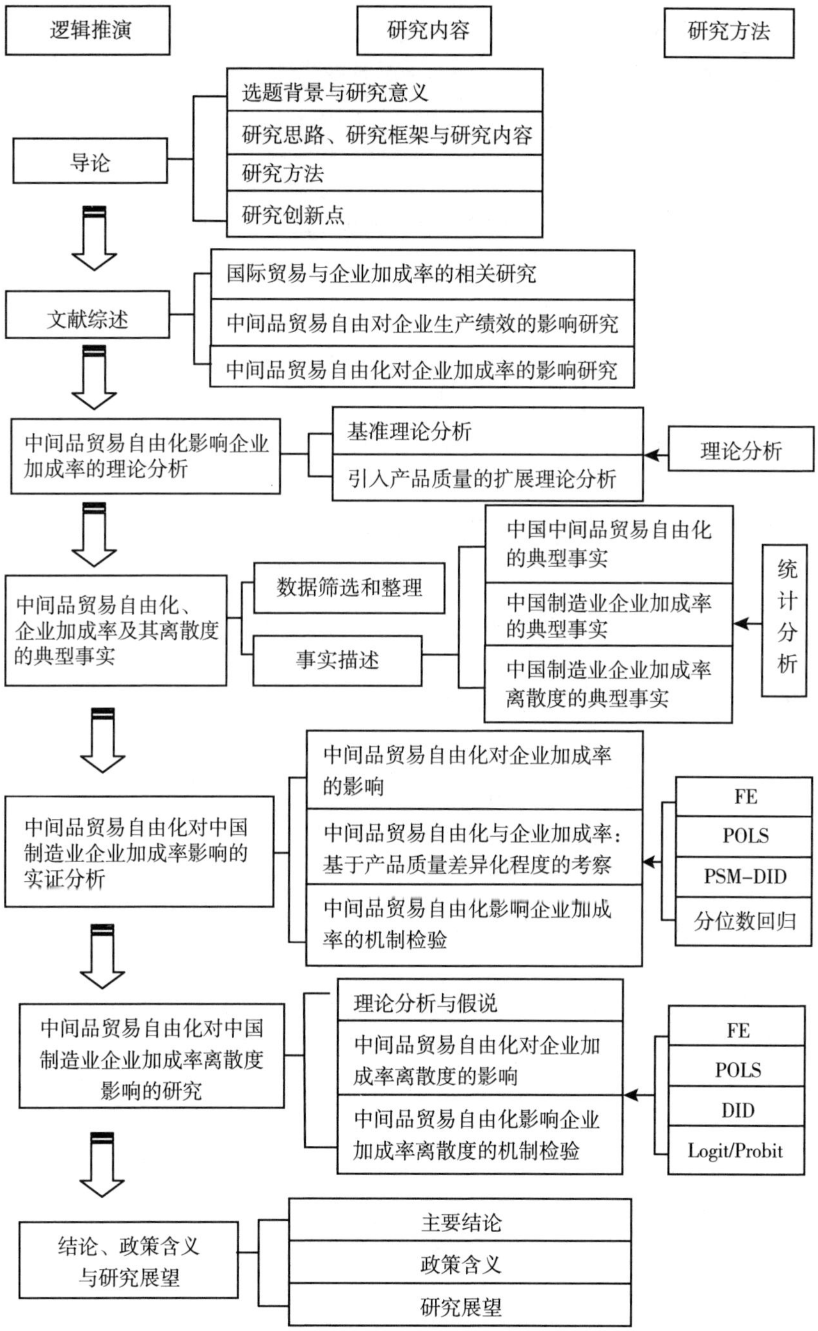

逻辑推演 | 研究内容 | 研究方法

导论
- 选题背景与研究意义
- 研究思路、研究框架与研究内容
- 研究方法
- 研究创新点

文献综述
- 国际贸易与企业加成率的相关研究
- 中间品贸易自由对企业生产绩效的影响研究
- 中间品贸易自由化对企业加成率的影响研究

中间品贸易自由化影响企业加成率的理论分析
- 基准理论分析
- 引入产品质量的扩展理论分析

研究方法：理论分析

中间品贸易自由化、企业加成率及其离散度的典型事实
- 数据筛选和整理
- 事实描述
  - 中国中间品贸易自由化的典型事实
  - 中国制造业企业加成率的典型事实
  - 中国制造业企业加成率离散度的典型事实

研究方法：统计分析

中间品贸易自由化对中国制造业企业加成率影响的实证分析
- 中间品贸易自由化对企业加成率的影响
- 中间品贸易自由化与企业加成率：基于产品质量差异化程度的考察
- 中间品贸易自由化影响企业加成率的机制检验

研究方法：FE、POLS、PSM-DID、分位数回归

中间品贸易自由化对中国制造业企业加成率离散度影响的研究
- 理论分析与假说
- 中间品贸易自由化对企业加成率离散度的影响
- 中间品贸易自由化影响企业加成率离散度的机制检验

研究方法：FE、POLS、DID、Logit/Probit

结论、政策含义与研究展望
- 主要结论
- 政策含义
- 研究展望

图1-2 本书研究框架

1.3 研究方法

1.3.1 理论分析与实证检验相结合

在异质性企业贸易理论框架下，本书通过建立数理模型和使用逻辑推演分析了中间品贸易自由化影响企业加成率及其离散度的作用机制，以此提出理论假说；进一步根据理论分析结论，本书使用中国制造业企业数据进行实证检验，将理论分析与实证检验有效结合起来。

1.3.2 定性分析与定量分析相结合

本书先根据理论研究从定性角度分析中间品贸易自由化对企业加成率及其离散度的影响和作用机制；又利用固定效应模型、倾向得分倍差模型、中介效应模型和二值选择模型等定量分析方法，通过构建计量模型检验了中间品贸易自由化对企业加成率及其离散度的影响方向、影响程度及影响渠道。通过定性分析与定量分析，全面细致地研究了中间品贸易自由化对企业加成率及其离散度的影响。

1.3.3 微观层面分析与中观层面分析相结合

异质性企业贸易理论以微观企业为研究对象，在此框架下本书先就中间品贸易自由化对企业加成率的影响进行理论研究，然后在微观企业层面数据进行实证检验。但微观企业加成率的变化会进一步影响到中观行业层面的经济绩效。为了更深入研究中间品贸易自由化的影响，本书在行业层面构建企业加成率离散度指标，直接从行业层面检验中间品贸易自由化对企业加成率离散度的影响和作用机制，考察中间品贸易自由化对资源配置效率的影响。

1.3.4 对比分析法

为了细致全面地研究中间品贸易自由化对企业加成率及其离散度的影响及作用机制，本书在实证研究中大量使用分组回归进行对比分析，根据分组回归结果考察了中间品贸易自由化对不同企业、不同行业的加成率及其离散度的影响，并针对差异化影响进行理论分析及现实解释，进一步丰富了本书的研究内容。

1.4 研究创新点

与已有的研究相比，本书的创新点有以下三点：

第一，研究视角方面，本书把中间品贸易自由化与企业加成率结合起来，为研究企业加成率提供了一个新的研究视角。关于贸易自由化与企业加成率关系的研究，现有文献主要集中于最终品贸易自由化通过进口竞争影响企业加成率，本书系统研究了中间品贸易自由化对企业加成率的影响效应，尤其是创新性地考察了产品质量差异化程度在其中所起的作用，既丰富了贸易自由化与企业加成率关系的研究，也拓展了中间品贸易自由化对企业绩效研究的维度。此外，本书首次从加成率离散度角度研究中间品贸易自由化对资源配置效率的影响效应，也是对中间品贸易利得和资源配置效率研究的有益补充。

第二，理论研究方面，本书以异质性企业贸易理论为基础，在可变加成率框架下研究中间品贸易自由化对企业加成率的影响及作用机制。梅里兹和奥塔维亚诺（Melitz and Ottaviano，2008）模型研究了最终品贸易自由化对企业加成率的影响，但是该模型单一劳动力生产要素和产品同质性假设既与现实不符，也在一定程度上限制了该模型的适用。为研究中间品贸易自由化对企业加成率的影响，本书基于梅里兹和奥塔维亚诺（Melitz and Ottaviano，2008）模型，在企业生产中加入中间品进口及使用行为，试图从理论上分析中间品贸易自由化对企业加成率的影响，丰富了梅里兹和奥塔维亚诺（Melitz and Ottaviano，2008）模型单一劳动力生产要素的设定。为研究产品质量差异化程度对中间品贸易自由化与企业加成率关系的影响，本书又放松了梅里兹和奥塔维亚诺（Melitz and Ottaviano，2008）模型中产品同质性假设，进一步引入产品质量，尝试将中间品贸易自由化、企业最优产品质量选择、企业加成率至于同一个框架下，研究产品质量差异化程度对中间品贸易自由化与企业加成率关系的影响，这在一定程度上拓宽了异质性企业贸易理论的研究维度，更深入地揭示了中间品贸易自由化对企业加成率的影响机制。

第三，经验研究方面，本书使用中国制造业企业数据进行实证研究。其一，本书检验了中间品贸易自由化对企业加成率的影响，发现中间品贸易自由化显著提高了中国制造业企业加成率。目前国内已有研究是从整体上检验中间品贸易自由化对企业加成率的均值影响，本书首次研究中间品贸易自由化对企业加成率整个条件分布的影响，通过分位数回归发现中间品贸易自由化对企业加成率的条件分布是不对称的，对中高分位数企业加成率没有明显提高作用，而对低分位数企业加成率则具有明显的提高作用。进一步机制检验表明中间品贸易自由化通过边际成本渠道的成本消减效应和产品质量渠道的质量升级效应提高了企业加成率。其二，本书首次考察了产品质量差异化程度对中间品贸易自由化与企业加成率关系的影响，发现产品质量差异化程度强化了中间品贸易自由化对企业加成率的提高作用，而且影响了中间品贸易自由化对企业加成率的作用机制，在产品质量差异化程度较小的同质行业，中间品贸易自由化仅在成本消减效应作用下提高了企业加成率，在产品质量差异化程度较大的异质行业，中间品贸易自由化在成本消减效应和质量升级效应双重作用下提高了企业加成率。其三，本书首次检验了中间品贸易自由化对企业加成率离散度的影响及作用机制，以此探讨中间品贸易自由化对资源配置效率的影响，发现中间品贸易自由化降低了企业加成率离散度，提高了中国制造业企业资源配置效率；机制检验表明在位企业加成率变化和低加成率企业退出市场是中间品贸易自由化影响企业加成率离散度的重要渠道。

第2章 文献综述

本书主要研究中间品贸易自由化如何影响企业加成率，为此从以下方面展开国内外文献综述。首先，企业加成率是本书研究的核心，通过系统梳理企业加成率理论研究的演进、测算企业加成率的方法、国际贸易对企业加成率的影响及企业加成率作为贸易利得来源的相关文献，为本书研究企业加成率及其离散度问题提供扎实的文献基础。其次，中间品贸易自由化是本书研究企业加成率问题的切入点，通过厘清中间品贸易自由化对企业产品质量及生产率等生产绩效的影响，有助于进一步研究中间品贸易自由化影响企业加成率的作用机制。再次，归纳梳理了目前研究中间品贸易自由化对加成率影响的文献，挖掘本书的创新点。最后进行简要评述。

2.1 国际贸易与企业加成率的相关研究

加成率是产品或服务的价格偏离其边际成本的幅度，按照微观经济学理论，理想的完全竞争市场中，产品价格等于其边际成本，企业加成率应相等（Robinson，1934），此时资源达到最优配置效率（Lerner，1934）。但在现实的不完全竞争市场中，产品价格往往会偏离其边际成本，各个企业制定了异质的企业加成率。加成率作为企业异质性的一个重要方面，迅速成为异质性企业贸易理论的探讨热点，众多国内外学者试图从理论与经验研究方面展开对加成率的系统讨论，这为本书研究提供了丰厚的文献基础。

2.1.1 企业加成率理论研究的演进

企业加成率作为企业绩效的重要指标，其高低反映了企业盈利能力和动态竞争力，其离散度反映了企业之间的资源配置效率，因此很早就受到国际贸易理论和产业组织理论的同时关注。早期的产业组织理论认为企业加成率不能被直接测量，需要依赖一场如贸易变革的“自然实验”来识别企业加成率的变化（Levinsohn，1993；Harrison，1994；Badinger，2007），因此并没有从理论上对企业加成率的变化给予解释。20 世纪 70 年代，以克鲁格曼（Krugman）为代表的新贸易理论在不完全竞争和规模收益递增假设基础上，将国际贸易理论和产业组织理论结合起来，从此展开了关于企业加成率的系统理论研究。

对企业加成率的理论研究经历了从外生不变到内生可变的理论演进（钱学锋和范冬梅，2015）。在假设不变替代弹性（CES）效用函数模型中，企业加成率是外生不变的。伊顿和科蒂姆（Eaton and Kortum，2002）在李嘉图贸易模型基础上引入技术扩散结构，建立了完全竞争的李嘉图模型，在外生不变的加成率条件下研究生产率增长的溢出效应。梅里兹（Melitz，2003）在垄断竞争框架内建立了异质性企业贸易理论，但由于该模型基于 CES 需求偏好条件，而 CES 偏好下需求弹性是外生给定的，因此企业加成率也是外生不变的。阿克拉克斯等（Arkolakis et al.，2012）构建了一个垄断竞争、不变替代弹性效用函数（CES）、不变企业加成率的引力模型研究了贸易自由化利得问题。使用外生不变的企业加成率，有利于简化模型分析，便于研究国际贸易对企业其他行为（如生产率、出口质量、出口价格等）的影响。然而，外生不变的企业加成率不但与企业加成率动态变化的事实不符，也因为不考虑行业间或行业内产品替代弹性，使得贸易自由化的福利效应得不到反映，之后学者们通过重新设定需求函数或市场结构研究内生可变的企业加成率。通过对现有文献梳理和归纳，本书将内生可变企业加成率模型分为以下两类。

一类文献在垄断竞争框架下通过重新设定需求函数得到内生可变的企业加成率。梅里兹和奥塔维亚诺（Melitz and Ottaviano，2008）开创性地在垄断竞争模型下使用拟线性二次需求函数，得到水平化差异的需求偏好，将企业加成率内生化，研究贸易自由化对企业加成率的影响。芬斯特拉和温斯坦（Feenstra and Weinstein，2010）、芬斯特拉（Feenstra，2010）在垄断竞争模型下通过使用超越对数支出函数将企业加成率内生化，研究全球化对企业加成率和贸易福利的影响。德英格拉和莫罗（Dhingra and Morrow，2012）在梅里兹（Melitz，2003）异质性企业贸易理论框架下使用 VES 需求替换了 CES 效用函数，得到内生可变的企业加成率，进一步研究企业市场势力导致的资源错配问题。阿克拉克斯等（Arkolakis et al.，2015）尝试在垄断竞争模型下不设定具体形式的需求函数，仅在需求函数系统中引入影响偏好的价格因素并设定关键结构参数，当结构参数不等于零时，企业加成率是内生可变的①，在此基础上研究贸易自由化利得问题。安东尼亚德斯（Antoniades，2015）将企业产品质量引入梅里兹和奥塔维亚诺（Melitz and Ottaviano，2008）设立的拟线性二次需求函数，在垄断竞争模型下将企业加成率和企业最优产品质量内生化，研究市场竞争对企业加成率、产品质量和产品价格的影响。

另一类文献在寡头垄断竞争框架下得到内生可变的企业加成率。伯纳德等（Bernard et al.，2003）将企业生产率差异引入多国李嘉图模型，虽然也设定不变替代弹性（CES）效用函数，但其引入的是伯纳德（Bernard）竞争而非垄断竞争，企业加成率是内生可变的，并且用企业间加成率差异反映生产率差异，使用比较静态分析法研究了企业生产率与企业出口之间的关系。阿特克森和伯斯坦（Atkeson and Burstein，2008）通过设立寡头垄断竞争模型下的伯纳德（Bernard）竞争，研究当市场中竞争者数量外生给定时，贸易壁垒削减通过改变企业市场份额影响企业加成率的作用机制。之后，爱德蒙等（Edmond et al.，2012）、霍尔姆斯等（Holmes et al.，2013）均基于阿特克森和伯斯坦（Atkeson and Burstein，2008）模型，在伯纳德（Bernard）竞争设定下通过分析国际贸易对企业加成率及其离散度的影响，研究了促进竞争效应和资源配置效率等贸易利得问题。

内生可变的企业加成率不仅体现了企业加成率动态变化的事实，使理论模型与经验研究更加贴合，而且拓展了企业异质性维度，基于可变

① 当该结构参数等于零时，该需求函数就特定为 CES 效用函数，此时企业加成率为外生不变。

企业加成率能更深入地研究企业产品质量和价格问题，更重要的是企业加成率作为贸易利得的一个来源，其反映的贸易福利效应得到进一步揭示。

2.1.2 企业加成率的测算方法

企业加成率理论的发展为研究国际贸易与企业加成率的关系提供了分析框架，在此基础上学者们从各个角度展开企业加成率的经验研究，而经验研究得以开展的首要前提就是准确测量企业加成率。本书通过梳理企业加成率测算的文献，归纳总结了测算企业加成率的两类方法。

第一类是会计法。会计法是利用企业增加值、工资支出和中间品投入成本等会计指标计算加成率，由于所需数据容易获得，且计算方法简便，早期学者使用会计法测算了行业加成率，从行业层面展开加成率的经验研究。多莫维茨（Domowitz，1986）率先使用会计法测算了行业加成率，之后斯欧特斯（Siotis，2003）也使用会计法计算了西班牙 1983～1996 年的行业加成率，并认为会计法计算结果能够很好地体现行业间加成率差异。盛丹和王永进（2012）根据中国工业企业数据库中只有企业会计指标的特点，使用会计法计算了 1999～2007 年中国制造业企业加成率，并认为中国企业数据样本期较短，该方法能够在一定程度上纠正经济周期等因素导致的计算偏差。但是布雷斯纳汉（Bresnahan，1987）却指出会计法因为缺乏经济学基础以及不考虑外部冲击等因素，反而会使计算结果具有片面性。目前，随着生产函数法的发展及企业层面数据获得性的提高，会计法逐渐被生产函数法所替代。

第二类是生产函数法。生产函数法通过构造企业生产函数，利用企业利润最大化条件得到企业加成率与要素产出弹性之间的关系，再进一步估计要素产出弹性等变量计算企业加成率。生产函数法又根据构造生产函数时设定条件的不同，以及生产函数和要素产出弹性估计方法的不同分为双索罗余值法、爱德蒙（Edmond）方法、德勒克和沃辛斯基（De Loecker and Warzynski）方法。

索罗余值法。豪尔等（Hall et al.，1986）基于索罗（Solow，1956）建立的生产函数，在不完全竞争市场条件下利用索罗余值的特点推导出行业加成率的计算公式。但是该方法有两个缺陷：其一，只考虑了劳动和资本两种生产要素，忽略了中间品投入在生产中的作用，如果中间品投入在企业生产成本中占有较大份额，将导致加成率被高估；其二，要素投入与产出增长同步性偏差。为此，多莫维茨等（Domowitz et al.，1988）和罗格（Roeger，1995）在豪尔等（Hall et al.，1986）基础上对该方法进行了改进。多莫维茨等（Domowitz et al.，1988）在企业生产中加入中间品投入，克服了加成率测算中可能出现被高估的偏差；罗格（Roeger，1995）又进一步利用原始索罗余值和对偶索罗余值的差异计算企业加成率，克服了要素投入与产出增长同步性偏差，构建了更为科学的企业加成率测算方法，此方法被许多学者使用（Konings et al.，2001）。双索罗余值法的优点是可以直接使用名义变量（如名义销售额、名义投入支出），不需要再使用价格指数对名义变量进行平减；缺点是依赖于较为严格的假设条件，如企业规模报酬不变、市场要素必须完全竞争等。这不但限制了该方法适用的范围，也可能导致测算的企业加成率不能完全反映现实情况。为此，亚伯拉罕等（Abraham et al.，2009）放松了之前的严格假设，在企业规模报酬可变及产品市场不完全竞争假设条件下拓展了索罗余值法，并测算了1996～2004年比利时企业加成率的变化。罗长远等（2015）基于拓展后的索罗余值法并加入反映企业异质性的变量，利用联合国商品贸易统计数据和世界银行调查数据计算了2003～2006年泰国9个制造业行业的企业加成率。

爱德蒙（Edmond）方法。爱德蒙等（Edmond et al.，2012）构造了本国市场上中间品生产商的科布－道格拉斯（Cobb－Douglas）函数，按照企业利润最大化条件推导出企业加成率、劳动产出弹性与劳动投入占收入份额的关系式。爱德蒙（Edmond）方法的优点是计算企业加成率时只需要企业工业增加值、应付工资总额及劳动产出弹性，所需数据相对容易获取。而且中国是劳动力资源相对丰裕的国家，劳动投入是中国企业生产最主要的投入要素之一，爱德蒙（Edmond）方法使用劳动投入要素做媒介测算企业加成率比较符合中国企业要素使用的现实。钱学锋等（2016）利用1997～2007年中国工业企业数据库数据，使用爱德蒙（Edmond）方法计算了制造业企业加成率及2分位行业加成率，通过与会计法和德勒克和沃辛斯基（De Loecker and Warzynski，2012）方法计算结果比较，认为使用爱德蒙（Edmond）方法计算中国企业加成率是可靠的。

德勒克和沃辛斯基（De Loecker and Warzynski）方法。在豪尔等（Hall et al.，1986）研究基础上，德勒克和沃辛斯基（De Loecker and Warzynski，2012）不设定市场结构及需求结构，通过使用结构方程方法构造成本最小化问题，推导出企业加成率是要素产出弹性与要素支出份额的比值，进一步使用实际产出数据估计企业生产函数和要素产出弹性，测算企业加成率。德勒克和沃辛斯基（De Loecker and Warzynski，2012）方法的优点，一是放松了市场结构和需求结构等条件约束；二是使用奥利和帕克斯（Olley and Pakes，1996）半参数法克服了不可观测因素可能导致的估计偏差问题；三是使用实际数据估计生产函数，避免了价格或需求因素变动产生的估计偏差，因此估计结果相对科学、准确。但是该方法的缺点是对数据要求很高，需要使用企业层面详细的产出数量、产品价格等数据，目前只有美国、法国、匈牙利等国家具有较为完整的面板数据。为此，陆毅等（Yi Lu et al.，2012）使用德勒克和沃辛斯基（De Loecker and Warzynski，2012）方法计算中国企业加成率时，用行业产出价格指数对企业收益额进行平减得到企业实际产出数量，从而计算了1998～2002年中国制造业企业加成率。德勒克等（De Loecker et al.，2016）进一步将德勒克和沃辛斯基（De Loecker and Warzynski，2012）方法从计算企业加成率拓展到计算多产品企业的产品加成率，而且除了克服生产率估计偏差，还通过使用控制函数法解决企业层面投入要素价格指数缺失所致的偏误。陆毅和余林徽（Yi Lu and Linhui Yu，2015）、余淼杰和袁东（2016）使用德勒克等（De Loecker et al.，2016）方法计算了多产品出口企业加成率，具体先使用单产品企业估计生产函数，再基于多产品企业与单产品使用相同生产技术的假设，得到企业—产品层面加成率，最后根据出口产值将产品加成率加权平均得到企业加成率。

2.1.3 国际贸易对企业加成率的影响

随着异质性企业贸易理论的发展，国内外学者从不同角度展开企业加成率影响因素的研究，根据研究需要，本书从国际贸易角度回顾和梳理了国际贸易政策、企业出口行为及汇率变化对企业加成率影响的研究。

1. 国际贸易政策

在开放经济条件下，一国实施的自由贸易政策会通过进口竞争影响企业加成率。梅里兹和奥塔维亚诺（Melitz and Ottaviano，2008）、芬斯特拉（Feenstra，2010）理论研究发现贸易自由化促使更多国外企业和产品进入本国市场，加剧了国内市场竞争，迫使企业降低了企业加成率，即“促进竞争效应”，这得到许多国家经验研究的支持（Tybout，2003；Görg and Warzynski，2006）。巴丁格尔（Badinger，2007）使用欧盟10个成员国1981~1999年数据研究了贸易自由化政策对行业加成率的影响，发现欧盟统一市场的建立显著降低了行业加成率。贝隆（Bellone，2012）使用1984~2004年法国制造业企业数据实证研究，发现贸易自由化程度越高的行业，其加成率越低。钱学锋等（2016）、岳文（2017）分别使用1997~2007年和2000~2006年中国制造业企业数据实证研究了贸易自由化对企业加成率的影响，发现贸易自由化通过加剧市场竞争降低了企业加成率。除了在货物贸易领域研究贸易自由化对企业加成率的影响，还有学者将研究扩展到服务贸易领域，如李宏亮和谢建国（2018）使用2001~2007年中国制造业企业数据实证研究发现服务贸易开放显著提高了企业加成率。

但是，也有学者研究发现贸易自由化的“促进竞争效应”只在短期内有效，长期该效应消失甚至发生相反作用。陈等（Chen et al.，2009）在梅里兹和奥塔维亚诺（Melitz and Ottaviano，2008）基础上研究贸易自由化对企业加成率的短期影响效应和长期影响效应，研究发现在短期内一国实施的贸易自由化政策通过加剧国内市场竞争，迫使企业降低企业加成率，“促进竞争效应”是有效的；而从长期来看，国内激烈的市场竞争压力将促使企业迁移至贸易保护程度较高的国家，这将导致“促进竞争效应”消失甚至出现相反作用；进一步使用1989~1999年欧洲7国制造业企业数据实证检验也支持了理论分析结论。此外诺里亚（Noria，2013）对墨西哥、钱学锋等（2016）对中国实证研究也得出类似结论，贸易自由化在短期内显著降低了企业加成率，而在长期对企业加成率没有明显降低作用，即“促进竞争效应”只在短期有效。

此外，还有一些学者发现贸易自由化对企业加成率的作用具有明显的行业差异性。科宁斯等（Konings et al.，2005）通过使用保加利亚和罗马尼亚制造业企业数据实证研究了行业市场集中度在贸易自由化对企业加成率影响中的作用，发现贸易自由化降低了市场集中度较高行业的企业加成率，提高了市场集中度较低行业的企业加成率。阿尔托蒙特和巴拉蒂耶里（Altomonte and Barattieri，2007）使用 1998～2003 年意大利企业数据从行业开放度角度进行实证研究，发现贸易自由化虽然在整体上降低了企业加成率，但是在一些开放度高的行业，贸易自由化却提高了企业加成率，而且贸易自由化对出口程度高、产品范围广的行业加成率具有明显正向影响。孙辉煌和兰宜生（2008）使用 1999～2005 年中国 29 个制造业企业数据实证检验，发现贸易自由显著提高了竞争程度较高行业的加成率，降低了竞争程度较低行业的加成率。

上述文献都是从最终品贸易自由化角度考察贸易自由化对企业加成率的影响。值得注意的是，近年来一部分学者同时从最终品贸易自由化和中间品贸易自由化两方面考察了贸易自由化对企业加成率的影响。德勒克等（De Loecker et al.，2016）使用 1989～1997 年印度企业数据实证检验，发现最终品进口关税下降通过促进竞争明显降低了企业加成率，但中间品进口关税下降则通过降低企业边际成本提高了企业加成率。余淼杰和袁东（2016）使用 2000～2006 年中国制造业企业数据实证检验也得到了类似结果，且进一步发现加工贸易削弱了贸易自由化对企业加成率的影响。

与自由贸易政策相似，一国实施的保护贸易政策也会通过改变国内进口竞争影响企业加成率，但与贸易自由化“促进竞争效应”不同的是，保护贸易政策往往提高了企业加成率。科宁斯和范登布希（Koings and Vandenbussche，2005）使用 1992～2000 年欧盟 4000 多个涉及反倾销保护的制造业企业数据，研究了 1996 年实施的反倾销政策对企业加成率的影响，通过分别估计这些企业在反倾销政策实施前后的加成率变化，发现反倾销保护后企业加成率整体上升了 8%，其中单产品企业比多产品企业加成率上升幅度更大，达到 14%，说明反倾销保护政策对单产品企业加成率具有更明显的提高作用。宋华盛和朱小明（2017）使用 1999～2007 年中国企业数据实证研究，发现反倾销保护主要通过抑制市场竞争导致企业加成率提高，并且对内销企业加成率的提高作用大于出口企业。事实上不同形式的保护贸易政策对企业加成率的影响也有差异。布朗尼根等（Blonigen et al.，2007）利用美国钢铁行业在

1980～2006年间曾受到不同形式的贸易保护，考察了不同保护贸易政策对企业加成率的影响，研究发现保护贸易政策明显提高了企业加成率，而且配额等数量限制形式的保护政策能够使企业制定远高于其边际成本的价格，相比之下进口关税保护对企业定价没有明显影响。

除了从进口贸易政策角度进行研究，还有部分学者从出口贸易政策角度研究了贸易政策对企业加成率的影响，如钱学锋等（2015）基于梅里兹和奥塔维亚诺（Melitz and Ottaviano，2008）模型研究发现出口退税会通过"促进竞争效应"降低企业进入市场的临界成本，进而降低企业加成率，进一步使用2000～2006年中国企业数据实证研究，发现出口退税率每上升10%将导致企业加成率下降2.13%。

2. 企业出口行为

梅里兹（Melitz，2003）、伯纳德等（Bernard et al.，2003）、安特拉斯（Antras，2003）等异质性企业贸易理论较为成功地解释了企业出口和生产率之间的关系，之后随着内生可变企业加成率理论的发展，加成率又成为新的异质性焦点。梅里兹和奥塔维亚诺（Melitz and Ottaviano，2008）在垄断竞争模型下利用拟线性二次需求函数得到内生变化的加成率，推导得出加成率等于市场门槛边际成本减企业边际成本，因此给定市场临界边际成本条件下，边际成本越低（生产率越高）的企业可以制定更高的加成率，而通过"自选择效应"进入出口市场的企业生产率较高，具有成本优势，从而理论上证明了出口企业加成率更高。随后，对企业出口行为与企业加成率关系的研究迅速发展，成为当前异质性企业贸易理论的研究热点。本书归纳和梳理了国内外关于企业出口与加成率关系的代表性文献。

第一类文献主要考察出口企业是否具有更高的加成率，以及不同类型出口企业的加成率是否具有异质性。马丁和罗德里格斯（Martín and Rodríguez，2010）使用1990～1999年西班牙企业数据实证检验，发现相比非出口企业，无论是新进入出口市场的企业或者是在样本期持续出口企业的加成率都相对较高，这较好地证实了梅里兹和奥塔维亚诺（Melitz and Ottaviano，2008）理论预期；通过进一步研究持续出口行为对企业加成率的影响，发现受国际市场更为激烈的竞争作用，企业出口强度越大，其加成率越低。德勒克和沃辛斯基（De Loecker and Warzynski，2012）使用 1994～2000 年斯洛文尼亚企业数据实证研究企业出口与加成率的关系，发现整体来看出口企业的加成率明显高于非出口企业，而且企业加成率随着进入或退出出口市场发生动态变化：当企业进入出口市场时，其加成率随之增加；相反，当企业退出出口市场时，其加成率随之降低。格尔格和沃辛斯基（Görg and Warzynski，2003）使用英国制造业企业数据实证研究，发现整体上出口企业加成率高于非出口企业，进一步按照劳赫（Rauch，1999）分类将企业分为同质产品企业和异质产品企业，通过进行分组回归发现对于异质产品企业，出口企业加成率相对较高，而对于同质产品企业，出口企业和非出口企业加成率没有明显差异。

第二类文献主要研究企业出口行影响企业加成率的作用机制，侧重于解释出口企业加成率较高的原因。阿克拉克斯等（Arkolakis et al.，2015）在垄断竞争和内生可变加成率框架下推导发现相对生产率越高的企业越有能力在国际贸易中将下降的贸易成本转化为更高的加成率，因此拥有较高生产率的出口企业，其加成率也相对更高。贝洛内等（Bellone et al.，2012）从贸易成本角度研究了出口企业加成率，通过使用 1984～2004 年法国制造业企业数据实证研究，发现出口企业为了克服运输成本和出口固定成本等贸易成本，需要制定更高的出口产品加成率，且加成率与企业出口强度正相关。库格勒和韦胡根（Kugler and Verhoogen，2008）从出口产品质量角度进行研究，出口企业生产率相对较高，通过自我选择进口高质量的中间品，生产的产品质量也高，所以出口企业加成率相对较高。该理论分析得到贝洛内等（Bellone et al.，2016）经验研究证实，通过使用 1998～2007 年法国制造业数据实证检验，发现较高的产品质量对价格的提高作用大于国际市场竞争压力对价格的降低作用，导致整体来看出口企业加成率更高。

上述研究都是围绕发达国家企业出口行为与加成率关系展开的，近年来国内学者也研究了中国制造业出口企业加成率，发现相比非出口企业，中国出口企业的加成率反而更低（李卓和赵军，2015；祝树金和张鹏辉，2015；高运胜等，2017），与国外理论和经验研究结论相反。围绕中国出口企业加成率较低的原因，一部分学者从政策角度予以分析，认为中国长期实施的补贴及出口退税等政策降低了出口市场的门槛成本，大量企业涌入出口市场，导致出口企业内部过度竞争，这是造成出口企业加成率较低的原因（盛丹和王永进，2012）。一部分学者从企业生产率和产品质量选择行为予以研究，认为当企业生产率较低时，较低的加成率是企业根据“最优产品质量选择”的必然结果，只有随着企业生产率提高，出口企业才能跨越低加成率陷阱（黄先海等，2016a）。还有一部分学者从出口市场“选择效应”和“竞争效应”角度予以解释，认为在理论上“选择效应”和“竞争效应”同时对企业加成率产生相反的作用：选择效应导致出口市场的企业生产率和加成率较高，竞争效应则迫使企业降低加成率，只有当选择效应大于竞争效应时，“出口企业加成率更高”的结论才成立。刘啟仁和黄建忠（2015）使用1998～2007年中国工业企业数据实证检验了中国出口市场的选择效应和竞争效应，发现中国出口市场的选择效应明显小于竞争效应，分析认为一方面，由于国内市场分割严重，国内市场固定成本居高不下，很多低效率企业从事出口，影响了选择效应正常发挥；另一方面，中国长期实施的政府补贴、出口退税政策也抑制了低效率企业退出出口市场，进一步阻碍了选择效应发挥。许明和李逸飞（2018）使用2000～2006年企业数据利用双边随机前沿分析法进行实证检验，也得出中国出口企业选择效应低于竞争效应，并且进一步发现企业从事加工贸易是造成出口企业加成率较低的重要原因，这也与我国出口企业“生产率悖论”的原因不谋而合（李春顶，2015）。

第三类文献研究了出口目标市场特征对企业加成率的影响，发现企业根据目标市场的规模、运输距离、收入水平等因素制定差异化的出口加成率。梅里兹和奥塔维亚诺（Melitz and Ottaviano，2008）从理论上研究了市场规模对企业加成率的影响，发现市场规模越大，进入市场的企业越多，更为激烈的市场竞争迫使企业制定更低的加成率，这得到贝洛内等（Bellone et al.，2012）使用1984～2004年法国制造业企业数据实证研究的验证。格尔格等（Görg et al.，2010）、马丁（Martin，2012）研究了运输距离对企业加成率的影响，通过使用匈牙利和法国2003年制造业企业数据实证检验，发现企业制定出口价格时往往将运输成本加入产品FOB价格中，因此出口距离越远加成率越高。法斯和沃辛斯基（Fuss and Warzynski，2012）研究了多产品出口企业内部产品加成率差异问题，通过使用1995～2009年比利时企业数据实证检验，发现企业依据目标市场差异对出口产品收取不同的加成率，当产品出口到距离更远、更富有的目标市场时，其产品加成率更高。马诺瓦和张

（Manova and Zhang，2009）使用 2003～2005 年中国企业数据实证研究，发现企业会根据目标市场竞争程度和收入水平调整出口产品加成率。西蒙诺夫斯卡（Simonovska，2010）利用西班牙服装制造商芒果（Mango）出口数据研究了目标市场收入水平对企业出口加成率的影响，发现目标市场人均收入越高，其消费者购买能力和支付能力越强，相应地企业对其出口产品收取的加成率也更高。

3. 汇率变化

汇率是形成国内外产品相对价格的基础，其变化直接影响企业加成率。阿特克森和伯斯坦（Atkeson and Burstein，2008）在寡头垄断竞争模型下研究了汇率变动对企业加成率的影响，发现当汇率变化时企业根据市场结构和交易成本改变其加成率。阿米提等（Amiti et al.，2014）进一步基于阿特克森和伯斯坦（Atkeson and Burstein，2008）模型研究了汇率变化通过边际成本渠道和加成率渠道对出口价格的不完全传递效应，通过使用 2000～2008 年比利时企业数据实证研究，发现进口密集度较高的企业因拥有更高的出口市场份额，会通过提高企业加成率应对汇率下降，汇率传递效应越不完全。卡塞利等（Caselli et al.，2017）使用 1994～2007 年墨西哥企业数据实证研究，发现汇率下降时企业会提高产品加成率，尤其生产率较高的核心产品，其加成率上升幅度更高。此外，还有学者研究发现汇率变化对不同生产绩效的企业加成率具有差异化影响。伯曼等（Berman et al.，2012）使用 1995～2005 年法国企业数据实证研究，发现面对汇率下降，生产绩效高的企业（如企业生产率高、规模大）会提高企业出口产品价格和加成率；相反，经营绩效低的企业则会降低出口产品价格和加成率。基于近年来人民币升值的事实，国内学者主要从经验研究方面考察了人民币升值对企业加成率的影响，研究结论与国外研究基本一致。许家云和毛其淋（2016）使用 2000～2006 年中国企业数据实证研究，发现人民币升值显著降低了企业加成率，且随着时间推移，该负向影响呈增长趋势。李胜旗和佟家栋（2016）研究发现人民币实际有效汇率升值显著降低了企业加成率，而且对退出企业和创业企业的影响更为显著。盛丹和刘竹青（2017）研究发现人民币升值显著降低了企业边际成本和产品价格，由于对产品价格的降低作用更大，导致企业加成率下降；进一步重点考察了加工贸易的作用，发现相比一般贸易企业，人民币升值对加工贸易企业产品价格的负向影响更大，因此加工贸易企业加成率下降幅度更大。

除以上国际贸易影响因素外，国内外学者还从对外直接投资（Sembenelli and Sitotis，2008；毛其淋和许家云，2016a；邱立成等，2016）、外资进入（毛其淋和许家云，2016b）、产品创新（刘啟仁和黄建忠，2016；Aghion et al.，2018；黄先海等，2018）、劳动力成本上升（诸竹君等，2017；赵瑞丽等，2018）、全球价值链（盛斌和陈帅，2017）、税负和补贴（任署明和张静，2013；孙小军等，2017；刘啟仁和黄建忠，2018）等方面展开对企业加成率的大量研究。

2.1.4 企业加成率作为贸易利得来源的研究

探寻贸易利得的来源一直是国际贸易学的核心主题。传统的国际贸易理论认为贸易利得来自依据比较优势的国际分工；新贸易理论在垄断竞争框架下强调产业内贸易，认为贸易利得源于消费品的多样性、企业生产的规模经济（Krugman，1979）；新新贸易理论深入微观企业层面，在异质性企业框架下认为贸易利得还源于企业生产率增加（Melitz，2003）、企业加成率及其离散度下降（Feenstra，2010）。早期，在假设不变替代弹性效用（CES）函数模型中企业加成率是外生不变的，这使得企业加成率及其离散度变化作为贸易利得的来源没有得到证实（Eaton and Kortum，2002；Melitz，2003；Arkolakis et al.，2012），之后学者通过重新设定需求函数或市场结构研究内生可变的企业加成率，企业加成率及其离散度变化反映的贸易利得被进一步揭示出来（Bernard et al.，2003；Melitz and Ottaviano，2008；Dhingra and Morrow，2012）。

1. 加成率下降的消费者利得

自从梅里兹和奥塔维亚诺（Melitz and Ottaviano，2008）在理论上将企业加成率内生化，证明贸易自由化会通过进口竞争降低一国整体加成率水平和产品价格水平后，芬斯特拉（Feenstra，2010）率先尝试在垄断竞争模型下通过内生可变加成率研究全球化对贸易福利的影响，研究发现贸易自由化促使更多国外企业和产品进入本国市场，加剧了国内市场竞争，一方面企业迫于竞争压力降低了企业加成率，增加了消费者利得，即所谓“促进竞争效应”，另一方面部分企业因竞争加剧退出市场，市场上产品种类减少，又抵消了一部分消费者利得，即“选择效应”，只有综合这两种效应才能全面衡量全球化的贸易福利。进一步，学者们在不同模型设定下研究了内生可变加成率框架下的贸易利得，并与外生不变加成率框架下的贸易利得相比较。芬斯特拉和温斯坦（Feenstra and Weinstein，2010）在允许企业自由进入、退出市场及使用内生可变加成率设定下，进一步使用 1992 ~ 2005 年美国制造业企业数据研究了全球化的贸易利得，发现虽然全球化的贸易利得与布罗道和韦恩斯坦（Broda and Weinstein，2006）基于 CES 偏好固定加成率设定下测得的贸易利得相近，但是贸易利得的来源仍有较大差异，其中加成率下降的促进竞争效应占贸易利得的 1/3，而产品种类利得比 CES 偏好设定下小 1/3。阿克拉克斯等（Arkolakis et al.，2015）在垄断竞争框架下研究贸易自由化的促进竞争效应，发现相比阿克拉克斯等（Arkolakis et al.，2012）外生不变加成率设定下的贸易利得，内生可变加成率设定下的贸易利得大约低 4%。

2. 加成率离散度与资源配置效率

可变加成率框架下另一个贸易利得源于加成率离散度反映的资源配置效率。勒纳（Lerner，1934）认为在一般均衡状态下，资源配置效率取决于企业产品相对价格而不是绝对价格，如果所有产品价格都是基于相同加成率制定的，那么产品价格将正确反映产品成本，此时资源配置是有效率的。理想的完全竞争市场中，产品价格等于边际成本，各个企业产品的加成率相等，此时资源达到最优配置效率。在现实的不完全竞争市场中，各个异质性企业内生制定了异质的加成率，加成率的异质性又造成了资源配置扭曲：低于平均加成率的行业或企业使用的要素资源大于其最优数量，存在生产过度情况；而高于平均加成率的行业或企业仅使用相对较少要素资源生产，存在生产不足（Robison，1934）。此时资源配置效率取决于企业加成率离散度，企业间加成率离散度越大，意味着企业间收益差异越大，资源在企业间配置效率越低；反之，企业间加成率离散度越小，资源在企业间配置效率越高（Peters，2011）。

国外学者侧重于从理论方面研究国际贸易对资源配置效率的影响，发现贸易自由化对企业加成率离散度的作用方向不确定，受市场条件的制约，只有满足一定的市场条件贸易自由化才会提高资源配置效率。埃皮法尼亚和甘恰（Epifania and Gancia，2011）在不完全竞争框架下建立了一般均衡模型分析贸易开放对资源配置效率和福利的影响，研究发现当存在市场进入壁垒时，贸易开放提高了企业间加成率离散度，既降低了资源配置效率，也减少了社会福利；当企业能够自由进入市场时，贸易开放虽然仍会降低资源配置效率，但因为更多厂商和产品进入市场，由此带来消费品多样化的贸易利得，社会福利未必会减少。霍尔姆斯等（Holmes et al.，2013）在寡头垄断竞争框架下构建了一个由产品间加成率离散度决定的资源配置效率指数，由该指数变化研究贸易摩擦通过成本变化渠道和价格变化渠道对资源配置效率的影响，发现在对称国家和生产率帕累托分布设定下，贸易通过成本变化渠道提高了资源配置效率，但通过价格变化渠道对资源配置效率的影响不明确。

国内学者侧重于从经验研究方面检验国际贸易对加成率离散度的影响，发现进口贸易自由化、出口贸易促进及人民币汇率变化等国际贸易因素对加成率离散度的影响方向并不一致。徐蕾和尹翔硕（2013）基于埃皮法尼亚和甘恰（Epifania and Gancia，2011）研究使用1998～2008年中国企业数据实证研究了贸易开放不对称对资源配置效率的影响，发现受市场进入壁垒影响，各行业参与贸易开放的程度是不相同的，贸易开放加大了行业间加成率的差异，造成资源配置扭曲，因此通过消除市场进入壁垒，可以在一定程度上纠正贸易开放不对称造成的资源配置扭曲。陆毅和余林徽（Yi Lu and Linhui Yu，2015）使用1998～2005年中国制造业企业数据实证研究了贸易自由化提高资源配置效率的贸易利得，基于中国2001年加入WTO的自然实验使用倍差法实证检验，发现贸易自由化显著降低了企业加成率离散度，提高了资源配置效率。钱学锋等（2015）从出口贸易政策角度研究了出口退税政策对资源配置效率的影响，通过使用2000～2006年中国企业样本实证研究发现出口退税导致出口企业与非出口企业之间加成率差距增大，降低了企业之间的资源配置效率。毛日昇等（2017）、刘竹青和盛丹（2017）从贸易成本角度实证研究了汇率变动通过加成率离散度对资源配置效率的影响，发现人民币升值显著降低了企业间加成率离散度，优化了资源配置效率，而且发现汇率变动对资源配置效率的影响是不对称的，相对于升值，人民币贬值对资源配置效率的影响更大。

2.2 中间品贸易自由化对企业生产绩效的影响研究

异质性企业贸易理论提出以来，企业贸易行为与生产绩效的关系问题一直是学术界研究的焦点，随着产品内国际分工的发展和中间品贸易自由化进程的深入，学者们对中间品贸易自由化影响效应的关注持续升温。中间品贸易自由化提高了企业进口中间品的质量（Bas and Strauss - Kahn，2015；余淼杰和李乐融，2016；施炳展和张雅睿，2016）、丰富了进口中间品的种类（Amiti and Konings，2007；Goldberg et al.，2010），这势必对一国企业生产绩效产生影响。在此背景下，国内外学者展开了中间品贸易自由化与企业生产绩效关系的一系列研究，产生了丰富的成果，其中中间品贸易自由化对企业生产率及产品质量的影响与本书研究密切相关。

2.2.1 中间品贸易自由化对企业生产率的影响

中间品贸易自由化与企业生产率的关系向来是国际经济学领域的焦点问题，学者们针对中间品贸易自由化是否能促进企业生产率的提升展开了大量研究。早期学者运用各国宏观数据进行了经验研究，表明中间品进口能通过市场竞争效应和技术溢出效应提高进口国企业生产率（Coe and Helpman，1995；Xu and Wang，1999；Eaton and Kortum，2001；Eaton and Kortum，2002；Acharya and Keller，2007 等）。近年来，随着微观企业数据可获得性增强，学者们逐渐从企业层面展开研究。阿米提和科宁斯（Amiti and Konings，2007）率先研究了中间品贸易自由化对企业生产率的影响，通过使用印度尼西亚 1991 ~2001 年企业数据进行实证研究，发现中间品进口关税每下降 10% 将导致中间品进口企业生产率提高 12%，该提高作用是最终品进口关税下降效果的 2 倍。该发现得到许多国家企业层面经验研究的支持。里列娃和特雷夫勒（Lileeva and Trefler，2010）使用 1984 ~1996 年企业数据研究了加拿大和美国自由贸易协定对企业生产率的影响，发现加拿大中间品进口关税降低使得加拿大制造业劳动生产率提高了0.5%。哈珀等（Halpern et al.，2015）使用匈牙利制造业企业数据研究发现1993～2002年间企业1/4的生产率增长来自进口中间品。同样，托帕洛娃和坎德瓦尔（Topalova and Khandelwal，2011）、夏尔玛和米什拉（Sharma and Mishra，2015）使用印度企业数据实证研究也得到相似结论。

其他文献从不同角度深入细化地考察了中间品贸易自由化对企业生产率的影响。阿尔托蒙特等（Altomonte et al.，2008）将进口中间品区分为本行业中间品和上游行业中间品，使用意大利1996～2003年企业数据研究这两类进口中间品对企业生产率的差异化作用，虽然两类进口中间品对企业生产率都有明显提高作用，但是上游行业进口中间品对本行业企业生产率的提高作用更大。卡萨哈拉和罗德里格（Kasahara and Rodrigue，2008）从企业进口中间品状态转变角度进行了研究，使用智利1979～1986年制造业企业数据实证检验，发现受益于进口中间品所含的国外先进技术和研发能力，企业从不进口中间品转为进口中间品生产率将提高3.4%～22.5%。余淼杰和李晋（2015）从行业质量差异角度考察了中间品进口对企业生产率的影响，基于劳赫（Rauch，1999）分类将行业分为产品质量差异化程度较大的异质行业和产品质量差异化程度较小的同质行业，通过使用2000～2006年中国制造业企业数据实证研究发现中间品进口关税下降对同质行业的企业生产率提升作用更为明显。事实上，还有些学者研究发现进口中间品对企业生产率的影响与企业自身条件有关。福拉尼（Forlani，2010）使用爱尔兰数据研究发现中间品进口仅提高了生产率较高企业的生产率；奥吉尔等（Augier et al.，2013）对西班牙，佩鲁福和扎克利塞弗（Peluffo and Zaclicever，2013）对乌拉圭企业的研究发现只有企业吸收能力和进口中间品匹配时，进口中间品才能提高企业生产率。

然而，也有个别学者发现进口中间品对企业生产率没有促进作用。穆恩德勒（Muendler，2004）使用1986～1998年巴西企业数据研究发现进口中间品对企业生产率没有明显影响；比塞布鲁克（Biesebroeck，2008）使用1977～1991年哥伦比亚企业数据研究发现进口中间品反而降低了企业生产率；沃格尔和瓦格纳（Vogel and Wagner，2010）使用2001～2005年德国企业研究发现企业劳动生产率并没有因为使用进口中间品得到明显提高。

上述文献侧重于考察中间品贸易自由化对企业生产率的影响方向，而另一类研究则侧重于探究中间品贸易自由化影响企业生产率的渠道。通过对现有研究归纳和梳理，本书将中间品贸易自由化对企业生产率的影响机制概括为垂直效应和水平效应。其一，垂直效应。格罗斯曼和赫普曼（Grossman and Heplman，1991）理论研究发现进口中间品包含更先进的技术，质量优于国内中间品，通过使用进口中间品产生的学习效应将提高企业生产率。库格勒和沃霍根（Kugler and Verhoogen，2008，2012）进一步使用1982~2005年哥伦比亚制造业企业数据进行了实证研究，发现不同经济发展水平国家生产的中间品质量存在较大差异，只有从发达国家进口高质量的中间品才能促进本国企业的生产率得到更大幅度的提升。之后，贝弗伦（Beveren，2012）对哥伦比亚、扎克利塞弗和佩兰德拉（Zaclicever and Pellandra，2018）对乌拉圭的实证研究也表明只有来自发达国家的进口中间品才能提高本国企业生产率。其二，水平效应。罗默（Romer，1990）、里维拉—巴蒂斯和罗默（Rivera - Batiz and Romer，1991）研究发现进口中间品和国产中间品之间具有不完全替代性，进口中间品种类增加能提高企业生产率；奥吉尔等（Augier et al.，2013）发现企业更偏爱种类丰富的进口中间品（Ethier，1982），并且由于进口中间品质量更高，企业增加进口中间品种类能提高企业生产率。戈德伯格等（Goldberg et al.，2010）使用1989~2003年印度企业数据对水平效应进行了实证研究，发现中间品贸易自由化使印度企业获得种类更多的进口中间品，从而降低了企业生产成本，提高了企业生产率。哈珀等（Halpern et al.，2015）进一步将进口中间品种类增多对企业生产率的提高作用总结为质量机制和互补机制，其中，质量机制指进口中间品质量优于国内中间品，将促进企业生产率提高，这实际上就是“垂直效应”；互补机制则指使用不同种类的进口中间品和国产中间品能产生单一中间品所不能获得的收益，这实际上就是“水平效应”，进一步使用1993~2002年匈牙利企业数据实证研究，发现中间品进口导致了匈牙利企业生产率增长了25%，其中有一半来自互补机制。

近年来，国内对中间品贸易自由化与企业生产率关系的研究也在不断深入。陈勇兵等（2012）使用2000~2005年匹配后的中国工业企业数据库和海关数据库检验得到企业由不进口中间品转变为进口中间品生产率上升了7.49%，说明进口中间品能显著提高企业生产率水平。通过利用2000~2006年中国制造业企业数据实证检验，余林徽（Linhui Yu，2015）得出中间品进口关税下降能明显促进生产率提升，但是加工贸易会削弱该提升作用。此外，曹亮等（2012）、张杰等（2015）研究也发现进口中间品能显著提高中国企业生产率。国内学者还从进口中间品数量、种类和质量等方面研究了中间品贸易自由化影响企业加成率的作用机制。张翊（2015）构建理论模型研究了进口中间品通过数量效应、种类效应和价格效应对企业生产率的影响，进一步使用COMTRADE和WIOD数据库提供的2003~2011年中国制造业数据实证研究，发现数量效应和种类效应不显著，价格效应受行业出口依存度影响。钱学锋等（2011）使用1995~2005年CEPI的BACI数据库实证研究发现进口中间品种类增多显著提高了中国企业全要素生产率；魏浩等（2017）则从进口来源地角度研究了中间品种类对企业生产率的影响，中间品种类增多带来的互补机制是进口中间品提高生产率的主要渠道，因此增加进口来源国有利于提高企业生产率。毛其淋和许家云（2015a，2015b）、李淑云和慕绣如（2017）、郑亚莉等（2017）研究发现中间品贸易自由化通过进口中间品种类渠道和质量渠道显著提高了企业生产率，而且质量渠道对企业生产率的提升作用更大。

2.2.2 中间品贸易自由化对产品质量的影响

近年来，贸易自由化对产品质量的影响成为国际经济学领域一个重要研究方向，早期研究集中在最终品贸易自由化通过进口关税下降引起的竞争效应提高了企业产品质量（殷德生等，2011；Amit and Khandelwal，2013）。随着中间品进口贸易在一国对外贸易中的作用日益重要，学者们又将关注点进一步聚焦在中间品贸易自由化对企业产品质量的影响。樊海潮等（Haichao Fan et al.，2015）使用2001~2006年中国制造业企业数据进行实证研究，发现中间品进口关税下降显著促进了企业出口产品质量的提高，并且该提高作用在产品质量差异化程度较大的行业更为明显。更多学者探讨了中间品贸易自由化影响产品质量的作用机制。一类文献从进口中间品种类和质量角度予以研究。库格勒和沃霍根（Kugler and Verhoogen，2008，2012）使用1982~2005年哥伦比亚制造业企业数据进行实证检验，发现国内企业在中间品贸易自由化机遇下进口种类更丰富的中间品，而且生产率较高的企业会自我选择进口高质量的中间品，从而提高了企业产品质量。席艳乐和胡强（2014）、许家云等（2017）使用中国制造业企业数据研究了进口中间品质量对产品质量的影响，发现高质量的进口中间品显著促进了中国出口产品质量升级。巴斯和施特劳斯—卡恩（Bas and Strauss - Kahn，2015）利用中国加入 WTO 构建自然实验使用倍差法实证检验，发现中间品贸易自由化大幅度提高了企业中间品进口种类，进而显著促进了企业产品质量的提升。另一类文献从技术溢出角度予以研究，认为进口中间品通过技术外溢效应，提高了企业研发创新能力，从而提高了产品质量。格罗斯曼和赫普曼（Grossman and Heplman，1991）、卡塞利（Caselli，2014）理论和经验研究发现在开放经济条件下，先进的技术会通过中间品贸易扩散，进口中间品是企业技术升级的一条重要途径。中间品贸易自由化通过提高企业创新能力和研发水平（Shepherd and Stone，2012；田巍和余淼杰，2014），提高了企业产品质量（施炳展和邵文波，2014）。

2.3 中间品贸易自由化对企业加成率的影响研究

理论上，中间品贸易自由化与最终品贸易自由化作为贸易自由化的两个方面对微观企业生产绩效的影响机制是不相同的，进而对企业加成率的影响也有很大差异：最终品贸易自由化主要通过加剧市场竞争降低企业加成率，即“促进竞争效应”（Melitz and Ottaviano，2008；Feenstra，2010）；而中间品贸易自由化通过提高企业生产率和产品质量，进而提高企业加成率（Kugler and Verhoogen，2008；Arkolakis et al.，2015）。理论上的差异得到了经验研究的证实。德勒克等（De Loecker et al.，2016）使用 1989 ~ 1997 年印度企业数据分别检验了最终品贸易自由化和中间品贸易自由化对企业加成率的影响，发现最终品进口关税下降通过促进竞争效应明显降低了企业加成率，但中间品进口关税下降则通过降低企业边际成本提高了企业加成率。余淼杰和袁东（2016）

使用2000～2006年中国制造业企业数据分别用行业层面和企业层面的进口关税检验贸易自由化对企业加成率的影响，发现最终品进口关税下降导致企业加成率降低，中间品进口关税下降则导致企业加成率上升，但平均来说进口关税下降会提高企业加成率，并且发现加工贸易削弱了进口关税对企业加成率的影响。彭冬冬和刘景卿（2017）、耿晔强和狄媛（2017）、诸竹君等（2017）实证研究也发现中间品贸易自由化在整体上显著提高了中国制造业企业加成率。

进一步学者们研究了中间品贸易自由化影响企业加成率的作用机制。樊海潮等（Haichao Fan et al.，2017）在垄断竞争框架下从理论上研究了中间品贸易自由化对企业加成率的影响，分析得出中间品贸易自由化通过提高企业生产率，进而提高了企业加成率；进一步采用2000～2006年中国制造业企业数据使用德勒克等（De Loecker et al.，2016）方法计算了产品层面加成率进行了实证研究，发现中间品贸易自由化通过降低产品边际生产成本，提高了产品加成率。毛其淋和许家云（2017）以中国加入WTO的自然实验使用倍差法进行实证检验，发现中间品贸易自由化显著提高了企业加成率，并且良好的地区制度环境会强化该提高作用；进一步机制检验发现中间品贸易自由化通过提高企业生产率和提升产品质量两条渠道提高了企业加成率。祝树金等（2018）使用德勒克等（De Loecker et al.，2016）方法计算了企业产品层面加成率，探究了多产品企业的核心产品与非核心产品加成率受中间品贸易自由化的差异化作用，发现从整体来看，中间品贸易自由化通过降低产品边际生产成本和提高产品质量两条渠道提高了所有产品加成率，但由于对核心产品的质量升级效应更为显著，所以对核心产品加成率的提高作用明显大于非核心产品。

2.4 简要评述

自异质性企业贸易理论提出以来，国际贸易与企业生产绩效的关系问题一直是学术界研究的焦点。梅里兹和奥塔维亚诺（Melitz and Ottaviano，2008）在垄断竞争框架下开创性地将企业加成率内生化，之后围绕国际贸易与加成率展开了丰富的理论和经验研究，其中一个重要领域就是贸易自由化与企业加成率的关系。回顾贸易自由化与企业加成率关系的研究文献，发现国内外学者主要从以下两方面展开研究。

第一，贸易自由化对企业加成率的影响研究。最终品贸易自由化对企业加成率影响的研究相对成熟，理论研究发现最终品贸易自由化通过加剧国内市场竞争迫使企业降低加成率，即“促进竞争效应”；经验研究虽然在整体上支持“促进竞争效应”，但同时发现该效应具有明显的行业异质性及时间异质性。目前，关于中间品贸易自由化对企业加成率影响的研究相对较少，且主要集中在经验研究领域，整体研究发现中间品贸易自由化有利于提高企业加成率，而且产品质量与企业生产率是中间品贸易自由化影响企业加成率的主要渠道。但是，中间品贸易自由化对不同行业及不同企业加成率的影响及作用机制是否具有差异性，对此研究的文献还较少。

通过梳理中间品贸易自由化影响效应的文献，发现进口中间品对企业生产率和产品质量的提高作用受到产品质量差异化程度的影响，因此可能会作用于中间品贸易自由化与企业加成率的关系，但目前尚没有学者从这方面予以研究。梅里兹和奥塔维亚诺（Melitz and Ottaviano，2008）研究了最终品贸易自由化对企业加成率的影响，但是该模型单一劳动力生产要素和产品同质性假设既与现实不符，也限制了该模型的适用。为研究中间品贸易自由化对企业加成率的影响，本书基于梅里兹和奥塔维亚诺（Melitz and Ottaviano，2008）模型，在企业生产中加入中间品进口及使用行为，试图从理论上分析中间品贸易自由化对企业加成率的影响；进一步引入产品质量，尝试将中间品贸易自由化、企业最优产品质量选择、企业加成率至于同一个框架下研究，考察产品质量差异化程度在其中所起的作用。同时，本书拟使用中国制造业企业数据全面实证研究中间品贸易自由化对企业加成率的影响和作用机制，并重点考察产品质量差异化程度在其中所起的作用，希望能丰富中间品贸易自由化与企业加成率关系的研究。

第二，企业加成率作为贸易利得来源的研究。理论上最终品贸易自由化可以带来加成率下降的消费者利得以及资源配置效率提高的生产者利得，其中，消费者利得已得到大部分经验研究的支持，而生产者利得的经验研究结论并不一致，与学者们假设的市场条件有关。从企业加成率角度研究中间品贸易利得的文献相对较少，且由于中间品贸易自由化整体上提高了企业加成率，贸易利得只可能来自提高资源配置效率的生产者利得。目前，国内已经有学者从最终品贸易自由化（Yi Lu and Linhui Yu，2015）、人民币汇率变化（毛日昇等，2017；刘竹青和盛丹，2017）、企业负税（刘啟仁和黄建忠，2018）、开发区优惠政策（盛丹和张国峰，2017）等角度研究了企业加成率离散度反映的资源配置效率问题，但尚没有从中间品贸易自由化角度进行研究。中间品贸易自由化一方面通过提高中间品进口企业加成率，改变了中间品进口部门与非中间品进口部门之间的加成率差距，影响了企业加成率离散度；另一方面对不同类型企业加成率的差异化影响及对企业进入退出市场的影响，也会改变企业间加成率离散度。因此，本书试图从加成率离散度角度研究中间品贸易自由化对资源配置效率的影响，希望能丰富中间品贸易利得和中国资源配置效率的研究。

第3章　中间品贸易自由化影响企业加成率的理论分析

本章从理论方面分析中间品贸易自由化对企业加成率的影响及作用机制。首先基于产品同质假设的梅里兹和奥塔维亚诺（Melitz and Ottaviano，2008）模型，在企业生产中加入中间品进口及使用行为，分析中间品贸易自由化对企业加成率的影响；并进一步引入产品质量，将中间品贸易自由化、企业最优产品质量选择、企业加成率置于同一个框架下，分析当企业间存在产品质量差异时，中间品贸易自由化对企业加成率的影响及作用机制，并且重点研究了产品质量差异化程度对中间品贸易自由化与企业加成率关系的影响。

3.1　基准理论分析

3.1.1　基准模型构建

本书基于梅里兹和奥塔维亚诺（Melitz and Ottaviano，2008）模型，并借鉴哈珀等（Halpern et al.，2015）对于企业生产和中间品进口行为的研究，分析中间品贸易自由化对企业加成率的影响。

1. 需求与消费者偏好

考虑市场上企业生产两类产品，一类是完全竞争市场下的传统品，另一类是垄断竞争市场下的工业品。假设市场上代表性消费者拥有以下效用函数：

$$U = q_0^c + \alpha \int_{i \in \Omega} q_i^c di - \frac{1}{2}\gamma\left(\int_{i \in \Omega} q_i^c di\right)^2 - \frac{1}{2}\eta \int_{i \in \Omega} (q_i^c)^2 di \qquad (3-1)$$

其中，q_0^c 和 q_i^c 分别表示传统品与工业品的消费数量。α 与 η 表示传统品与工业品之间的替代弹性，γ 表示工业品之间的替代弹性，均大于0。

根据式（3-1），由消费者效用最大化得到工业品 i 的线性市场需求函数：

$$q_i = Lq_i^c = L\left(\frac{\alpha}{\eta N + \gamma} - \frac{p_i}{\gamma} + \frac{1}{\gamma}\frac{\eta N}{\eta N + \gamma}\bar{P}\right) \qquad (3-2)$$

其中，L 表示国内市场规模，N 表示国内市场上产品种类，$\bar{P} = \frac{1}{N}\int_{i \in \Omega^*} p_i di$ 表示国内市场上产品的平均价格，其中 $\Omega^* \subset \Omega$ 是消费产品集合。

2. 供给与企业生产行为

考虑在垄断竞争的工业品市场中，企业 i 支付进入市场的固定成本 f_E，并抽取一个边际生产成本 c_i，$c_i \in [0, c_M]$服从上届为 c_M 的帕累托分布。边际生产成本高的企业退出市场，剩余 N 家在位企业在给定市场平均价格 $\bar{P}$ 情况下按照利润最大化原则生产。设企业 i 使用资本 K_i，劳动力 L_i 和中间品束 X_i，用以下生产函数进行生产：

$$Y_i = \varphi_i X_i^{\phi}\left(K_i^{\xi} L_i^{1-\xi}\right)^{1-\phi} \qquad (3-3)$$

其中，φ_i 表示企业生产率，参数 $\phi \in [0, 1]$和 $\xi \in [0, 1]$表示要素投入份额，中间品束 X_i 是由一系列中间品 $x_{ij}(j \in [0, 1])$根据科布—道格拉斯（Cobb - Douglas）技术生产：

$$X_i = \prod_{j=1}^{N} x_{ij}^{\gamma_j} \qquad (3-4)$$

其中，γ_j 表示企业投入的第 j 种中间品 x_{ij} 在生产函数中的权重，N 为企业生产投入的中间品种类。每种中间品数量 x_{ij} 又是由国产中间品数量 x_{ijh} 和进口中间品数量 x_{ijf} 根据 CES 函数生产：

$$x_{ij} = \left[x_{ijh}^{\frac{\zeta-1}{\zeta}} + (a_{jf}x_{ijf})^{\frac{\zeta-1}{\zeta}}\right]^{\frac{\zeta}{\zeta-1}} \qquad (3-5)$$

其中，$\zeta > 1$ 表示国产中间品和进口中间品之间的替代弹性，$a_{jf} > 0$ 表示进口中间品相对国产中间品的质量优势。

中间品价格 p_{ij} 受国产中间品价格 p_{ijh}、进口中间品价格 p_{ijf} 及中间品进口税率 τ_j 影响：

$$p_{ij}=[p_{ijh}^{1-\zeta}+((1+\tau_j)p_{ijf}/a_{jf})^{1-\zeta}]^{\frac{1}{1-\zeta}} \tag{3-6}$$

企业使用进口中间品能为企业带来成本节约收益，使用第 j 种进口中间品的成本节约收益 b_j 为：

$$b_j=\frac{1}{\zeta-1}\ln\left[1+\left(a_{jf}\frac{p_{ijh}}{(1+\tau_j)p_{ijf}}\right)^{\zeta-1}\right] \tag{3-7}$$

因此，企业生产使用 N 种进口中间品带来的总成本节约收益 B_i 为：

$$B_i=\sum_{j=1}^{N}\gamma_j b_j=\sum_{j=1}^{N}\frac{\gamma_j}{\zeta-1}\ln\left[1+\left(a_{jf}\frac{p_{ijh}}{(1+\tau_j)p_{ijf}}\right)^{\zeta-1}\right] \tag{3-8}$$

由式（3-8）可以看出企业使用进口中间品所获得的成本节约收益受以下因素影响：

第一，进口中间品的国内价格。由式（3-8）对进口中间品国内价格 $(1+\tau_j)p_{ijf}$ 一阶求导，得到 $\frac{\partial B_i}{\partial[(1+\tau_j)p_{ijf}]}<0$，即进口中间品国内价格越低，企业成本节约收益越大。

第二，进口中间品的质量。鉴于中国是一个发展中国家，本书认为中国企业进口的中间品具有质量优势，故 $a_{jf}>1$。由式（3-8）对 a_{jf} 一阶求导，得到 $\frac{\partial B_i}{\partial a_{jf}}>0$，即进口中间品质量越高，企业成本节约收益越大，这也就是哈珀等（Halpern et al.，2015）所称的“质量机制”。

第三，进口中间品的种类。进口中间品种类对企业成本节约收益有两方面的影响：其一，从进口种类数量 N 来看，根据式（3-8）得到，$\frac{\partial B_i}{\partial N}>0$，数量 N 越大，企业成本节约收益越大；其二，从进口中间品与国产中间品之间替代弹性 ζ 来看，由式（3-8）对 ζ 一阶求导，得到 $\frac{\partial B_i}{\partial \zeta}<0$，说明进口中间品与国产中间品之间替代弹性越小，企业成本节约收益越大，这也就是哈珀等（Halpern et al.，2015）所称的“互补机制”。

企业在给定产出和投入品价格条件下根据成本最小化原则选择生产投入，得到企业边际生产成本函数：

$$c_i = \frac{\Psi^*}{\varphi_i} B_i^{-\phi} \tag{3-9}$$

其中，Ψ^* 是国产投入品成本指数，$\Psi^* = \frac{\left[\exp\left\{\int_0^1 \gamma_j \log\left(\frac{p_{ijh}}{\gamma_j}\right) dj\right\}\right]^{\phi}}{\phi^{\phi}(1-\phi)^{1-\phi}} \cdot \left[\frac{r^{\xi} w^{1-\xi}}{\xi^{\xi}(1-\xi)^{1-\xi}}\right]^{1-\phi}$，其中 w 是工资、r 是利率。

从企业边际生产成本解析式（3-9）中可以看出，国产投入品成本指数 Ψ^* 越低，企业边际生产成本 c_i 越小；企业生产率 φ_i 越高，企业边际生产成本 c_i 越小；企业使用进口中间品获得的成本节约收益 B_i 越大，企业边际生产成本 c_i 越小。

此时，厂商利润函数可以表示为：

$$\pi_i = (p_i - c_i) \cdot q_i \tag{3-10}$$

将厂商线性需求函数解析式（3-2）代入利润函数解析式（3-10），根据企业利润最大化原则，得到企业产品价格和产量：

$$p_i(c_i) = \frac{1}{2}\left(\frac{\alpha\gamma}{\eta N + \gamma} + \frac{\eta N}{\eta N + \gamma}\bar{P} + c_i\right) \tag{3-11}$$

$$q_i(c_i) = \frac{L}{2\gamma}\left(\frac{\alpha\gamma}{\eta N + \gamma} + \frac{\eta N}{\eta N + \gamma}\bar{P} - c_i\right) \tag{3-12}$$

根据均衡时零利润条件，令 $\pi_i = 0$，由式（3-10）解得企业生存的门槛边际成本 c_D：

$$c_D = \frac{\alpha\gamma}{\eta N + \gamma} + \frac{\eta N}{\eta N + \gamma}\bar{P} \tag{3-13}$$

当企业边际生产成本大于门槛边际成本时（$c_i > c_D$），企业退出市场；当企业边际生产成本小于等于门槛边际成本时（$c_i \leqslant c_D$），企业留在市场进行生产。参照梅里兹和奥塔维亚诺（Melitz and Ottaviano，2008）模型，结合式（3-10）、式（3-11）、式（3-12）和式（3-13）将市场在位生产企业的变量均写作边际生产成本 c_i 和门槛边际成本 c_D 的函数：

企业定价：$$p_i(c_i) = \frac{1}{2}(c_D + c_i) \tag{3-14}$$

企业产量：$$q_i(c_i) = \frac{L}{2\gamma}(c_D - c_i) \tag{3-15}$$

企业利润：$$\pi_i(c_i) = \frac{L}{4\gamma}(c_D - c_i)^2 \tag{3-16}$$

由此，得到企业加成率函数表达式：

$$\mu_i(c_i) \equiv p_i(c_i) - c_i = \frac{1}{2}(c_D - c_i) \tag{3-17}$$

3.1.2 中间品贸易自由化对企业加成率的影响

设中间品贸易自由化水平为 ρ，ρ >0，ρ 越大说明中间品贸易自由化水平越高。根据企业边际生产成本解析式（3 –9），中间品贸易自由化通过企业成本节约收益和企业生产率影响企业边际生产成本；进一步根据企业加成率的解析式（3 –17），又通过企业边际生产成本影响企业加成率。

1. 中间品贸易自由化对企业成本节约收益的影响

中间品贸易自由化将通过作用于企业中间品进口行为，进而提高了企业成本节约收益。中间品贸易自由化对企业中间品进口有如下几方面影响：首先，中间品贸易自由化降低了进口中间品的国内价格。中间品进口关税率 τ_j 的下降，直接降低了企业进口中间品的国内价格 $(1+\tau_j)p_{ijf}$，因此，$\frac{\partial[(1+\tau_j)p_{ijf}]}{\partial\rho}<0$。其次，中间品贸易自由化提高了进口中间品的质量，丰富了进口中间品的种类。阿米提和科宁斯（Amiti and Konings，2007）发现中间品进口关税下降不但使得企业进口更多样化的中间品，还提高了进口中间品的质量；戈德伯格等（Goldberg et al.，2010）发现中间品进口关税下降使印度中间品进口种类增加了约 2/3，且这些新增加的进口种类多来自发达国家，具有更高的质量；余淼杰和李乐融（2016）实证研究也发现中间品贸易自由化明显提高了中国进口中间品质量。因此，中间品贸易自由化可以提高进口中间品的质量和种类，即$\frac{\partial a_{jf}}{\partial\rho}>0$和$\frac{\partial N}{\partial\rho}>0$；同时随着企业进口中间品种类增多，与国内中间品替代弹性越小，互补性越强（Halpern et al.，2015），得到$\frac{\partial\zeta}{\partial\rho}<0$。

结合上文分析得到的进口中间品对企业成本节约收益的作用方向，即：$\frac{\partial B_i}{\partial[(1+\tau_j)p_{ijf}]}<0$，$\frac{\partial B_i}{\partial a_{jf}}>0$，$\frac{\partial B_i}{\partial N}>0$和$\frac{\partial B_i}{\partial\zeta}<0$，推导得出$\frac{\partial B_i}{\partial\rho}>0$，

即中间品贸易自由化对成本节约收益的影响方向为正，即通过降低进口中间品国内价格，提高进口中间品质量和种类，提高与国产中间品互补性四条途径，中间品贸易自由化对成本节约收益 B_i 的作用方向一致：均增加了成本节约收益。

2. 中间品贸易自由化对企业生产率的影响

现有文献证实中间品贸易自由化能够导致企业进口中间品的种类和质量提高，从而显著提升了生产率。阿米提和科宁斯（Amiti and Konings，2007）实证检验发现，中间品进口关税下降对企业生产率的提高作用远大于最终品进口关税下降，具体而言中间品进口关税下降 10%将导致生产率提高 12%，该提高作用是最终品进口关税下降效果的 2 倍。卡萨哈拉和罗德里格（Kasahara and Rodrigue，2008）使用智利 1979～1986 年制造业企业数据实证检验，发现受益于进口中间品所蕴含的科学技术，进口行为将使企业生产率提高 3.4%～22.5%。库格勒和韦胡根（Kugler and Verhoogen，2008）研究发现进口中间品包含更先进的技术，质量优于国内中间品，通过使用进口中间品产生的学习效应将提高企业生产率，实证检验发现哥伦比亚企业通过从发达国家进口高质量的中间品能大幅度提高了生产率。哈珀等（Halpern et al.，2015）研究发现不同种类的进口中间品和国产中间品结合投入生产能产生单一中间品所不能获得的收益，即“互补机制”，因此增加进口中间品种类能提高企业生产率，进一步使用 1993～2002 年匈牙利企业数据实证研究，发现中间品进口导致了匈牙利企业生产率增长了 25%，其中有一半是因为互补机制引起的。因此得到中间品贸易自由化对企业生产率的影响方向为正，即：$\frac{\partial \varphi_i}{\partial \rho}>0$。

3. 中间品贸易自由化对企业加成率的影响

通过上述分析，中间品贸易自由化 ρ 通过企业成本节约收益和企业生产率影响了企业边际生产成本，因此将企业边际生产成本 c_i 解析式（3－9）写作中间品贸易自由化 ρ 的函数：

$$c_i(\rho)=\frac{\Psi^*}{\varphi_i(\rho)}[B_i(\rho)]^{-\phi} \tag{3-18}$$

进一步将式（3－18）代入企业加成率解析式（3－17），整理得到：

$$\mu_i(\rho)=\frac{1}{2}\left(c_D-\frac{\Psi^*}{\varphi_i(\rho)}[B_i(\rho)]^{-\phi}\right) \quad (3-19)$$

为分析中间品贸易自由化对企业加成率的影响方向，根据式（3－19）对中间品贸易自由化 ρ 一阶求导，得到：

$$\frac{\partial\mu_i}{\partial\rho}=\frac{1}{2}\frac{\Psi^*}{\varphi_i B_i^{\phi}}\left(\frac{\phi}{B_i}\frac{\partial B_i}{\partial\rho}+\frac{1}{\varphi_i}\frac{\partial\varphi_i}{\partial\rho}\right) \quad (3-20)$$

根据上文分析 $\frac{\partial B_i}{\partial\rho}>0$、$\frac{\partial\varphi_i}{\partial\rho}>0$，因此得到中间品贸易自由化对加成率的影响方向：$\frac{\partial\mu_i}{\partial\rho}>0$，即中间品贸易自由化对加成率影响方向为正。据此，可得到本书第一个命题：

命题一：在其他条件不变情况下，中间品贸易自由化有利于提高企业加成率。

3.2 扩展理论分析

3.2.1 引入产品质量的扩展模型构建

基准模型中设定企业产品质量相同，但是事实上市场同类产品间具有质量差异。为了更好地与现实相贴合，本节基于安东尼亚德斯（Antoniades，2015）对梅里兹和奥塔维亚诺（Melitz and Ottaviano，2008）模型的拓展，进一步引入产品质量，将中间品贸易自由化、企业最优产品质量选择、企业加成率置于同一个框架下，研究产品质量差异化程度对中间品贸易自由化与企业加成率关系的影响。

1. 需求与消费者偏好

假设国内市场上的工业品存在质量差异，消费者更加偏好高质量的产品，在基准模型的消费者效用函数基础上进一步加入工业品质量，扩展后的效用函数为：

$$U = q_0^c + \alpha \int_{i \in \Omega} q_i^c di + \beta \int_{i \in \Omega} z_i q_i^c di - \frac{1}{2}\gamma \int_{i \in \Omega} (q_i^c)^2 di - \frac{1}{2}\eta \left\{ \int_{i \in \Omega} q_i^c di \right\}^2 \tag{3-21}$$

其中，q_0^c 和 q_i^c 分别表示无差异传统品和差异化工业品的消费数量，z_i 表示工业品 i 的产品质量。α 与 η 表示传统品与工业品之间的替代弹性，γ 表示工业品之间的替代弹性，均大于0。参数 $\beta > 0$，表示消费者对产品质量的偏好，在国家—行业层面特定。

根据式（3-21），由消费者效用最大化得到工业品 i 的线性市场需求函数：

$$q_i = Lq_i^c = L\left(\frac{\alpha}{\eta N + \gamma} - \frac{p_i}{\gamma} + \frac{\beta}{\gamma}z_i + \frac{\eta N}{\eta N + \gamma}\bar{P} - \frac{\eta N \beta}{\eta N + \gamma}\bar{z}\right) \tag{3-22}$$

其中，L 表示国内市场规模，N 表示国内市场上产品种类，$\bar{P} = \frac{1}{N}\int_{i \in \Omega^*} p_i di$ 和 $\bar{Z} = \frac{1}{N}\int_{i \in \Omega^*} z_i di$ 分别表示国内市场上产品的平均价格和平均质量，其中 $\Omega^* \subset \Omega$ 是消费产品集合。

2. 供给与企业生产行为

考虑在垄断竞争的工业品市场中，企业 i 支付进入市场的固定成本 f_E，并抽取一个边际生产成本 c_i，$c_i \in [0, c_M]$ 服从上界为 c_M 的帕累托分布。边际生产成本高的企业退出市场，剩余 N 家在位企业在给定市场平均价格 $\bar{P}$ 和平均质量 $\bar{Z}$ 情况下按照利润最大化原则生产。企业可以通过产品质量升级实现更高的利润，但是质量升级也会增加企业成本，因此设生产需要投入两种成本：第一种是生产成本，第二种是产品质量升级成本。在位企业的总成本为：

$$TC_i = q_i c_i + q_i \delta z_i + \theta (z_i)^2 \tag{3-23}$$

式（3-23）第一项反映了不随产品质量变化的企业生产成本，c_i 为边际生产成本（包括资本、劳动、中间品等投入要素的边际成本）；第二项和第三项反映了企业产品质量升级成本：第二项 δz_i 是边际质量成本，其中参数 δ 刻画了企业的质量选择成本；第三项是质量升级需付出的固定成本，特别是假设创新引发质量升级，该项固定成本指企业通过购买核心设备、引进新技术及展开技术培训提高创新能力。本书用参数 θ 表示创新成本，刻画国家—行业层面特定的创新能力，θ 越小说明创新能力越强，质量升级的成本越低，越容易实现质量升级。

在给定产出和投入品价格条件下根据成本最小化原则选择生产投入，得到企业边际生产成本函数[①]：

$$c_i = \frac{\Psi^*}{\varphi_i} B_i^{-\phi} \tag{3-24}$$

其中，φ_i 是企业生产率，Ψ^* 是国产投入品的成本指数，$\Psi^* = \frac{\left[\exp\left\{\int_0^1 \gamma_j \log\left(\frac{p_{ijh}}{\gamma_j}\right) dj\right\}\right]^{\phi}}{\phi^{\phi}(1-\phi)^{1-\phi}} \cdot \left[\frac{r^{\xi} w^{1-\xi}}{\xi^{\xi}(1-\xi)^{1-\xi}}\right]^{1-\phi}$，$B_i$ 是进口中间品带来的成本节约收益，$B_i = \sum_{j=1}^{N} \gamma_j b_j = \sum_{j=1}^{N} \frac{\gamma_j}{\zeta - 1} \ln\left[1 + \left(a_{jf} \frac{p_{ijh}}{(1+\tau_j) p_{ijf}}\right)^{\zeta-1}\right]$

此时，厂商利润函数可以表示为：

$$\pi_i = (p_i - c_i - \delta z_i) \cdot q_i - \theta (z_i)^2 \tag{3-25}$$

将厂商线性需求函数解析式（3－22）代入利润函数解析式（3－25）。首先，根据企业利润最大化原则得到最优产品价格和产量[②]：

$$p_i(c_i, z_i) = \frac{1}{2}\left(\frac{\alpha\gamma}{\eta N + \gamma} + \frac{\eta N}{\eta N + \gamma}\bar{P} - \frac{\eta N \beta}{\eta N + \gamma}\bar{z} + c_i\right) + \frac{1}{2}(\beta + \delta) z_i \tag{3-26}$$

$$q_i(c_i, z_i) = \frac{L}{2\gamma}\left(\frac{\alpha\gamma}{\eta N + \gamma} + \frac{\eta N}{\eta N + \gamma}\bar{P} - \frac{\eta N \beta}{\eta N + \gamma}\bar{z} - c_i\right) + \frac{L}{2\gamma}(\beta - \delta) z_i \tag{3-27}$$

根据均衡时零利润条件，令 $\pi_i = 0$，由式（3－25）解得企业生存的门槛边际成本 c_D：

$$c_D = \frac{\alpha\gamma}{\eta N + \gamma} + \frac{\eta N}{\eta N + \gamma}\bar{P} - \frac{\eta N \beta}{\eta N + \gamma}\bar{z} \tag{3-28}$$

当企业边际生产成本大于门槛边际成本时（$c_i > c_D$），企业退出市场；当企业边际生产成本小于等于门槛边际成本时（$c_i \leq c_D$），企业留在市场进行生产。结合式（3－25）、式（3－26）、式（3－27）和式（3－28）将市场在位生产企业的变量写作边际生产成本 c_i、门槛边际成本 c_D 和产品质量 z_i 的函数：

---

① 此部分推导过程及参数含义与3.1.1小节相同，限于篇幅，此处省略。

② 因使用线性可分模型，故推导中先求解最优产品价格和产品，再求解最优产品质量。

$$p_i(c_i, z_i)=\frac{1}{2}(c_D+c_i)+\frac{1}{2}(\beta+\delta)z_i \qquad (3-29)$$

$$q_i(c_i, z_i)=\frac{L}{2\gamma}(c_D-c_i)+\frac{L}{2}(\beta-\delta)z_i \qquad (3-30)$$

$$\pi_i(c_i, z_i)=\frac{L}{4\gamma}[(c_D-c_i)+(\beta-\delta)z_i]^2-\theta z_i^2 \qquad (3-31)$$

其次，企业选择最优产品质量达到最大利润。根据式（3－31）解得最优产品质量 z_i^*：

$$z_i^*=\frac{L(\beta-\delta)}{4\theta\gamma-L(\beta-\delta)^2}(c_D-c_i)=\lambda(c_D-c_i) \qquad (3-32)$$

其中，设 $\lambda\equiv\frac{L(\beta-\delta)}{4\theta\gamma-L(\beta-\delta)^2}$ 表示产品质量差异化程度，在国家—行业层面特定。为保证产品质量 $z_i^*>0$，设 $4\theta\gamma>L(\beta-\delta)^2$ 且 $\beta>\delta$。

从企业最优产品质量 z_i^* 解析式（3－32）可以看出：①最优产品质量 z_i^* 受企业边际生产成本 c_i，市场门槛边际生产成本 c_D 和产品质量差异化程度 λ 三方面影响：z_i^* 与 λ、c_D 正相关，与 c_i 负相关；②产品质量差异化程度 λ 受市场规模 L，市场上产品间替代弹性 β 和 γ，质量选择成本参数 δ 和创新成本参数 θ 影响：λ 与 L、β 正相关，与 γ、δ、θ 负相关。特别是刻画国家—行业层面创新能力的参数 θ，θ 越小说明行业内企业创新能力越强，企业越容易克服创新固定成本进行产品质量升级，产品质量差异化程度越高，即：$\frac{\partial\lambda}{\partial\theta}<0$。

将企业最优产品质量 z_i^* 解析式（3－32）分别代入式（3－29）、式（3－30）和式（3－31），整理得到：

$$p_i(c_i)=\frac{1}{2}(c_D+c_i)+\frac{1}{2}(\beta+\delta)\lambda(c_D-c_i) \qquad (3-33)$$

$$q_i(c_i)=\frac{L}{2\gamma}[1+(\beta-\delta)\lambda](c_D-c_i) \qquad (3-34)$$

$$\pi_i(c_i)=\frac{L}{4\gamma}[1+(\beta-\delta)\lambda](c_D-c_i)^2 \qquad (3-35)$$

由此，得到企业加成率的函数表达式：

$$\mu_i(c_i)\equiv p_i(c_i)-(c_i+\delta z_i)=\frac{1}{2}[1+(\beta-\delta)\lambda](c_D-c_i) \qquad (3-36)$$

3.2.2 中间品贸易自由化对企业加成率的影响及作用机制

1. 中间品贸易自由化对企业加成率的影响

设中间品贸易自由化水平为 ρ，$\rho>0$，ρ 越大说明中间品贸易自由化水平越高。由基准模型推导可知，中间品贸易自由化 ρ 通过成本节约收益和生产率作用于边际生产成本，因此将企业边际生产成本 c_i 解析式（3-24）写作中间品贸易自由化 ρ 的函数：

$$c_i(\rho)=\frac{\Psi^*}{\varphi_i(\rho)}[B_i(\rho)]^{-\phi} \tag{3-37}$$

进一步将式（3-37）代入企业加成率解析式（3-36），整理得到：

$$\mu_i(\rho)=\frac{1}{2}[1+(\beta-\delta)\lambda]\left(c_D-\frac{\Psi^*}{\varphi_i(\rho)}[B_i(\rho)]^{-\phi}\right) \tag{3-38}$$

为分析中间品贸易自由化对企业加成率的影响方向，根据式（3-38）对中间品贸易自由化 ρ 一阶求导，得到：

$$\frac{\partial\mu_i}{\partial\rho}=\frac{[1+(\beta-\delta)\lambda]\Psi^*}{2\varphi_i B_i^{\phi}}\left(\frac{\phi}{B_i}\frac{\partial B_i}{\partial\rho}+\frac{1}{\varphi_i}\frac{\partial\varphi_i}{\partial\rho}\right) \tag{3-39}$$

通过3.1.2小节分析已知，中间品贸易自由化不但提高了企业成本节约收益 $\frac{\partial B_i}{\partial\rho}>0$，还提升了企业生产率 $\frac{\partial\varphi_i}{\partial\rho}>0$，再结合前文设定 $\beta-\delta>0$，推导得到中间品贸易自由化对企业加成率的作用方向：$\frac{\partial\mu_i}{\partial\rho}>0$，即中间品贸易自由化提高了企业加成率。

由此可见，无论是产品同质设定下的基准模型，还是引入产品质量的扩展模型，通过推导分析均得出中间品贸易自由化有利于提高企业加成率，这也验证了本书命题一的结论。

2. 中间品贸易自由化对企业加成率的作用机制

加成率反映的是产品价格对其边际成本的偏离程度，因此理论上中间品贸易自由化通过多种途径改变企业边际成本和产品价格，进而作用于企业加成率（见图3-1）。

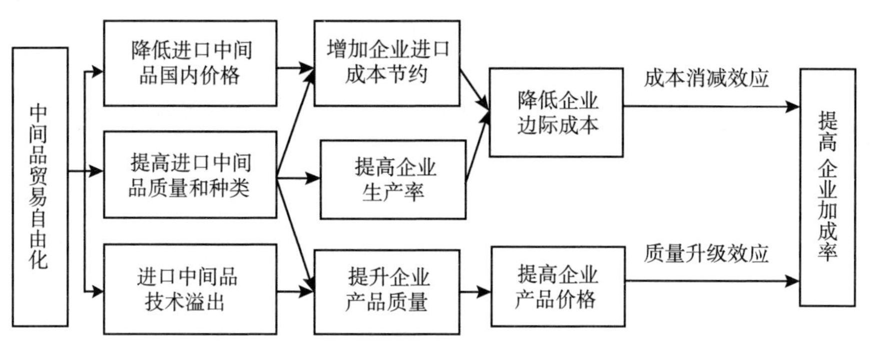

图3－1　中间品贸易自由化对企业加成率的影响机制

第一，中间品贸易自由化通过提高进口成本节约收益和提升企业生产率降低了企业边际成本。根据3.1节不考虑产品质量的基准模型分析，得出中间品贸易自由化通过降低进口中间品国内价格，提高进口中间品质量和种类，提高与国产中间品互补性，不但增加了企业进口成本节约收益$\left(\frac{\partial B_i}{\partial \rho}>0\right)$，还提高了企业生产率$\left(\frac{\partial \varphi_i}{\partial \rho}>0\right)$。这降低了企业边际成本，进而提高了企业加成率，本书将其统称为成本削减效应。

第二，中间品贸易自由化通过产品质量升级提高了企业产品价格。在产品同质的基准模型下，由于不考虑产品质量差异，中间品贸易自由化仅仅降低了企业边际成本，而一旦引入企业产品质量差异后，中间品贸易自由化还将通过以下两条途径提高产品质量。首先，中间品贸易自由化导致企业生产成本下降，企业可以利用节省的资金从发达国家购入先进机器设备、开展技术培训及加大产品研发，这促进了企业对新技术的模仿和吸收，这种技术溢出效应进一步促使企业加大研发投入，提高研发创新能力（Griffith，2004；Shepherd and Stone，2012；田巍和余淼杰，2014），从而提高企业产品质量（施炳展和邵文波，2014）。其次，中间品贸易自由化通过增加进口中间品种类、提高了进口中间品质量（Goldberg et al.，2010；Bas and Strauss－Kahn，2015；余淼杰和李乐融，2016），促进了企业最终品质量升级（Kugler and Verhoogen，2008；Fan Haichao et al.，2015；许家云等，2017）。由此可见中间品贸易自由化促进了产品质量升级，进一步引致产品实际需求价格弹性下降，使企业可以制定较高的价格，进而提高了企业加成率，本书将其称为质量升级效应。

综合以上分析，得到本书第二个命题：

命题二：边际成本和产品质量是中间品贸易自由化影响企业加成率的重要渠道，中间品贸易自由化在成本消减效应和质量升级效应作用下提高了企业加成率。

3.2.3 产品质量差异化程度对中间品贸易自由化与企业加成率关系的影响

1. 产品质量差异化程度影响中间品贸易自由化对企业加成率的提高作用

式（3－39）反映了中间品贸易自由化对企业加成率的影响关系，为了分析产品质量差异化程度在中间品贸易自由化与企业加成率关系中的作用，本书根据式（3－39）对产品质量差异化程度 λ 求二阶偏导：

$$\frac{\partial^2 \mu_i}{\partial\rho\partial\lambda}=\frac{(\beta-\delta)\Psi^*}{2\varphi_i B_i^{\phi}}\left(\frac{\phi}{B_i}\frac{\partial B_i}{\partial\rho}+\frac{1}{\varphi_i}\frac{\partial\varphi_i}{\partial\rho}\right) \tag{3－40}$$

由前文分析已知，$\frac{\partial B_i}{\partial\rho}>0$，$\frac{\partial\varphi_i}{\partial\rho}>0$ 且 $\beta-\delta>0$，推导得到$\frac{\partial^2\mu_i}{\partial\rho\partial\lambda}>0$，即产品质量差异化程度 λ 越大，中间品贸易自由化对企业加成率的影响越大。因此，得到本书第三个命题：

命题三：在其他条件不变的情况下，产品质量差异化程度强化了中间品贸易自由化对企业加成率的提高作用。

2. 产品质量差异化程度影响中间品贸易自由化对企业加成率的作用机制

在产品质量差异化程度较小的行业（本书称为同质行业），由于行业内产品同质化的属性，企业提高产品质量的空间有限，中间品贸易自由化不会明显提高产品质量与价格（Fan Haichao et al.，2015），通过质量升级提高企业加成率的渠道无法有效发挥，因此只有边际成本渠道是中间品贸易自由化影响企业加成率的有效渠道，通过成本消减效应提高企业加成率。

在产品质量差异化程度较大的行业（本书称为异质行业），产品质量升级的范围大，因此企业一方面通过降低边际成本提高加成率，另一方面通过研发创新等措施提高产品质量应对市场竞争压力（Manova and Zhang，2012），导致产品价格上升，进一步提高了企业加成率。于是在成本削减效应和质量升级效应共同作用下，异质行业企业加成率得到更大幅度的提高。也就是说，中间品贸易自由化对异质行业企业加成率的提高作用大于同质行业企业。

综合以上分析，得到本书第四个命题：

命题四：在产品质量差异化程度较小的同质行业，中间品贸易自由化主要通过边际成本渠道作用于企业加成率，在成本消减效应作用下提高了企业加成率；在产品质量差异化程度较大的异质行业，中间品贸易自由化通过边际成本渠道和产品质量渠道作用于企业加成率，在成本消减效应和质量升级效应双重作用下对异质行业企业加成率的提高幅度大于同质行业企业。

3.3 本章小结

本章主要从理论方面系统研究了中间品贸易自由化对企业加成率的影响及作用机制。首先基于产品同质假设的梅里兹和奥塔维亚诺（Melitz and Ottaviano，2008）模型，在企业生产中加入中间品进口及使用行为，建立一个关于中间品贸易自由化与加成率关系的基准理论模型，通过数理推导分析中间品贸易自由化对企业加成率的影响；在基准模型基础上引入产品质量，建立关于中间品贸易自由化、企业最优产品质量选择与企业加成率的扩展理论模型，通过数理推导分析了当企业间存在产品质量差异时，中间品贸易自由化对企业加成率的影响及作用机制，并且重点研究了产品质量差异化程度在这其中所起的作用。本章理论研究主要得到以下结论：

第一，中间品贸易自由化有利于提高企业加成率。无论是产品同质假设的基准模型，或是考虑产品质量差异的扩展模型，经过消费者偏好、企业中间品进口及生产最优行为分析建立了中间品贸易自由化影响企业加成率的函数关系式，数理推导均得出中间品贸易自由化有利于提高企业加成率。

第二，边际成本和产品质量是中间品贸易自由化影响企业加成率的重要渠道，中间品贸易自由化在成本消减效应和质量升级效应作用下提高了企业加成率。在产品同质的基准模型中，中间品贸易自由化通过降低进口中间品国内价格、提高进口中间品质量与种类、提高与国产中间品互补性，增加了企业成本节约收益、提高了企业生产率，这降低了企业边际成本，进而提高了企业加成率，本书将其称为成本消减效应；扩展模型引入产品质量差异后，中间品贸易自由化不仅通过边际成本渠道影响企业加成率，还可以通过产品质量渠道影响企业加成率，具体而言，中间品贸易自由化通过提升企业创新研发能力、提高进口中间品种类与质量，导致产品质量升级，使企业制定更高的产品价格，进而提高了企业加成率，本书将其称为质量升级效应。

第三，产品质量差异化程度强化了中间品贸易自由化对企业加成率的提高作用。考虑产品质量差异的扩展模型中，将中间品贸易自由化、最优产品质量选择、企业加成率置于同一个框架下分析，数理推导得出产品质量差异化程度强化了中间品贸易自由化对企业加成率的提高作用，产品质量差异化程度越高，中间品贸易自由化对企业加成率的提高幅度越大。

第四，产品质量差异化程度影响了中间品贸易自由对企业加成率的作用机制：在产品质量差异化程度较小的同质行业，边际成本是中间品贸易自由化影响企业加成率的重要渠道，在成本消减效应作用下提高了企业加成率；在产品质量差异化程度较大的异质行业，边际成本和产品质量均是中间品贸易自由化影响企业加成率的重要渠道，在成本消减效应和质量升级效应双重作用下对异质行业企业加成率的提高幅度大于同质行业企业。

第4章 中间品贸易自由化、企业加成率及其离散度的典型事实

中间品贸易自由化、企业加成率及其离散度是本书研究的基本主题，也是本书实证研究的核心变量，对其准确科学的测算是展开实证研究的前提。因此，本章侧重于对这三个变量进行定量测算，并根据测算结果予以事实分析，为后面章节的实证研究提供必要的事实统计和数据基础。

4.1 数据筛选与整理

本章使用中国制造业2000～2013年数据①，来自两个微观数据库。第一个是国家统计局的中国工业企业数据库，该数据库是企业层面数据，涵盖了企业两类信息：第一类是企业基本情况，如企业名称、法人代码、所有制类型等；第二类是企业财务指标，如企业资产、工业产值、销售额等。由于国民经济行业分类在2002年和2011年分别进行了修订，本书结合2002年和2011年颁布的《国民经济行业分类》对四位数行业代码重新进行了调整和统一，保留了2分位行业代码为13～42（不含38）共29个制造业行业的企业进行研究。该数据库提供了计算企业加成率等主要变量的数据，部分缺失数据参考陈琳（2018）、曲如晓和刘霞（2019）方法予以估计。第二个是世界银行与WTO网站的中

① 本书基于中国制造业企业数据研究中间品贸易自由化对企业加成率的影响，目前中国工业企业数据库官方公布的最新数据截至2013年，而中国自2001年加入世界贸易组织（WTO）后进行了深刻的中间品贸易自由化改革，因此本书使用2000～2013年数据展开研究。

国进口关税数据[1]，由于在样本期间产品 HS 编码涉及 1996 版本、2002 版本、2007 版本以及 2012 版本，本书按照联合国统计司提供的 HS 编码对照表，将进口关税数据的统计口径统一为 HS2002 版本的 6 位码产品进口税率。进一步，根据联合国 BEC 分类，代码为 111、121、21、22、31、322、42 和 53 项下产品为中间品，据此识别出中间品进口，用于计算中间品进口关税。

鉴于工业企业数据库存在大量数据缺失和统计错误，本书首先参考芬斯特拉等（Feenstra et al.，2014）做法删除数据中的异常值，包括：①删除资产总额、工业总产值、固定资产合计、企业销售额为缺失值、零值或负值的企业；②删除从业人员少于 8 人的企业；③根据会计准则 GAPP，删除流动资产大于总资产、总固定资产大于总资产、固定资产净值大于总资产的企业；④删除出口交货值、中间品投入为缺失值或负值的企业；⑤删除出口交货值大于销售额的企业；⑥删除企业年龄小于 0 的企业。

4.2 中国中间品贸易自由化的典型事实

中国在过去二十多年进行了一场深刻的贸易自由化变革。从 1992 年开始，为适应国内市场经济改革及融入国际多边贸易体制，中国开始了一系列大幅度的关税和非关税壁垒削减，其中平均进口关税率从 1992 年的 42.9% 下降到 1997 年的 17.6%（Yi Lu and Linhui Yu，2015）。2001 年 12 月加入 WTO 后，为全面履行"入世"承诺[2]，中国又开始了新一轮快速贸易自由化阶段，平均进口关税率从"入世"前的 17.02% 下降至 2013 年的 9.93%，其中中间品平均进口关税率从"入世"前的 14.15% 降至 2013 年的 8.17%。值得注意的是在进口关税率大幅度削减期间，中间品进口额占到总进口额的 70%，可见加入 WTO 的贸易自由化进程基本上是由中间品贸易自由化推动的（Fan Haichao et al.，2017）。除了大幅度削减

① 2000 年进口关税数据来自世界银行的 WTIS 数据库，2001 ~ 2013 年进口关税数据来自 WTO 的 Tariff Download Facility 数据库。

② 作为 WTO 成员，中国承诺在 2004 年底前将农产品和工业制成品平均进口关税率分别降至 15% 和 8.9%。

进口关税率外，中国还实施了配额、许可证等非关税壁垒削减措施，提高了中间品贸易自由化水平。但是因为非关税壁垒数据获得的困难性及“数据数值化”的争议性，本书仍然延续现有大部分文献的做法，采用中间品进口关税衡量中间品贸易自由化水平，进而对2000～2013年中国中间品贸易自由化水平进行详细的事实分析。

4.2.1　中间品贸易自由化指标的构建

本书借鉴朔尔（Schor，2004）、毛其淋和许家云（2017）做法，构造了行业层面中间品进口关税计算公式：

$$\tau_{jt}^{input} = \tau_{wt}^{output} \times \sum_{w \in \Theta_j} \alpha_{wt} \tag{4-1}$$

其中，j表示行业，t表示年份，w表示中间要素投入，τ_{wt}^{output}表示中间要素投入行业w第t年简单平均进口关税，由$\tau_{wt}^{output} = \frac{\sum_{s \in \Theta_w} n_{st} \cdot \tau_{st}}{\sum_{s \in \Theta_w} n_{st}}$计算得到，其中s表示HS协调编码6位码产品，$n_{st}$表示第t年产品s的税目数，$\tau_{st}$表示第t年产品s的进口关税率，$\Theta_w$表示行业w所有产品集合。$\Theta_j$表示投入行业j的中间投入要素集合，$\alpha_w$表示要素w的投入权重，根据2002年中国投入产出表[①]用要素w的投入额占行业j总要素投入额的比重计算得到。

$$\alpha_w = \frac{input_w}{\sum_{w \in \Theta_j} input_w} \tag{4-2}$$

本书使用的中国进口关税数据主要来自世界银行的WTIS数据库及WTO的Tariff Download Facility数据库，根据联合国统计司提供的HS版本之间的转换表，将产品关税数据的统计口径统一为HS2002版本的6位码的产品进口税率。在将产品数据向行业层面归类时，首先根据美国普渡（PURDUE）大学哈奇森（Hutcheson）教授提供的HS2002版本6位码产品数据与《国际标准产业分类》数据转换表进行匹配[②]，再根

① 本书还使用了2007年中国投入产出表计算投入权重，结果基本一致。

② 资料来源：https：//www. gtap. agecon. purdue. edu/resources/res_display. asp？RecordID＝1916。

据中国统计局提供的《国民经济行业分类》与《国际标准产业分类》对照表，就可以得到 HS2002 与 2002 年《国民经济行业分类》之间的转换关系，从而将产品数据归入行业数据，测算行业层面中间品进口关税。

4.2.2 中间品贸易自由化的定量测算与分析

首先，本书计算了 2000～2013 年中国中间品进口关税率，图 4－1 绘制了中间品平均进口关税率及标准差的变化趋势。从图 4－1 可以看出，其一，中间品平均进口关税率呈逐年下降趋势，从 2000 年 14.15% 下降到 2013 年 8.17%，下降率达 42%，说明该期间中间品贸易自由化水平不断提高；其二，中间品进口关税率的标准差也在不断下降，从 2000 年 11.40 下降到 2013 年 6.54，下降率达 43%，说明不同产品间进口关税率差异逐渐缩小；其三，中间品进口关税率的 25 分位数与 75 分位数差值也在不断下降，这进一步说明不同产品间进口关税率差异逐渐缩小；其四，中间品平均进口关税率和不同产品间关税率差异均在 2002 年出现大幅度下降，其中平均进口关税率从 2001 年 7% 降至 2002 年 5.5%，下降率达 21.43%，关税率标准差从 2001 年 11.29 降至 2002 年 7.93，下降率达到 29.76%，之后便保持缓慢下降趋势，且在 2005 年后几乎保持不变。

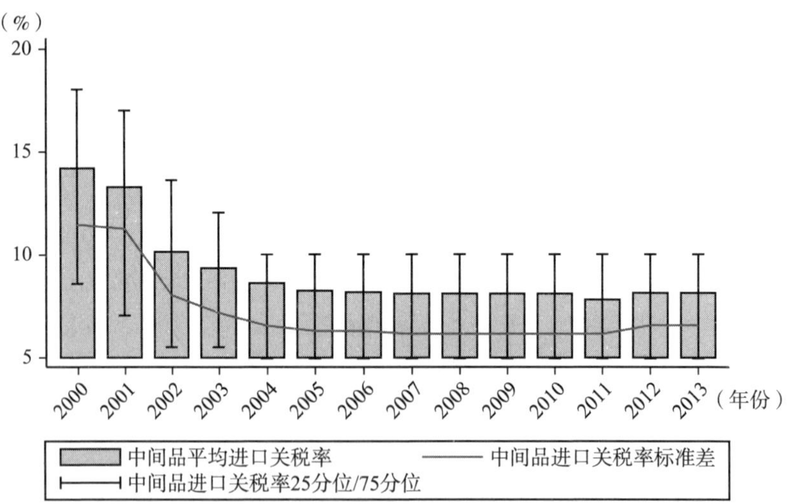

图 4－1　2000～2013 年中国中间品贸易自由化水平变化趋势

资料来源：根据世界银行的 WTIS 数据库和 WTO 的 Tariff Download Facility 数据库计算所得。

考察了中间品贸易自由化整体变化趋势后，本书进一步分析不同制造业行业中间品贸易自由化水平差异。根据式（4－1）计算了2分位行业中间品进口关税（见表4－1），并根据计算结果绘制了中间品进口关税的变化趋势（见图4－2）。从表4－1和图4－2可以看出：

表4－1　　2分位制造业行业中间品进口关税　　单位：%

行业名称（代码）	2000年	2002年	2004年	2006年	2008年	2010年	2013年	均值	变化
农副食品加工业（13）	26.99	19.86	16.45	15.93	15.80	15.66	15.84	17.89	－9.10
食品制造业（14）	26.37	19.01	15.75	15.24	15.15	15.15	15.23	17.24	－9.13
饮料制造业（15）	26.34	19.22	16.00	15.25	15.15	14.99	15.31	17.22	－9.12
烟草制品业（16）	38.06	28.20	21.90	21.47	21.31	21.31	22.10	24.41	－13.65
纺织业（17）	22.10	15.71	10.78	9.14	9.10	9.09	9.14	11.71	－10.39
纺织服装、鞋、帽制造业（18）	23.09	16.59	11.51	9.79	9.56	9.55	9.58	12.35	－10.74
皮革、毛皮、羽毛（绒）及其制品业（19）	22.43	20.41	17.39	17.04	17.13	17.13	16.68	18.36	－4.07
木材加工及木、竹、藤、棕、草制品业（20）	11.47	7.66	6.15	5.86	5.82	5.79	6.30	6.87	－4.60
家具制造业（21）	12.04	8.29	6.69	6.36	6.33	6.31	6.71	7.39	－4.65
造纸及纸制品业（22）	13.45	9.06	6.82	6.02	6.01	6.01	6.30	7.46	－5.99
印刷业和记录媒介的复制（23）	13.55	9.11	6.75	5.97	5.89	5.89	6.24	7.42	－6.13
文教体育用品制造业（24）	15.83	11.37	8.91	8.27	8.03	8.03	8.68	9.66	－6.17
石油加工、炼焦及核燃料加工业（25）	11.43	8.52	7.54	7.24	7.21	7.21	7.24	7.90	－3.53
化学原料及化学制品制造业（26）	12.38	9.32	8.23	7.90	7.82	7.82	7.98	8.65	－3.73
医药制造业（27）	13.44	9.08	7.95	7.68	7.56	7.56	7.65	8.59	－4.85

续表

行业名称（代码）	2000年	2002年	2004年	2006年	2008年	2010年	2013年	均值	变化
化学纤维制造业（28）	14.36	9.77	7.21	6.83	6.73	6.73	6.83	8.16	-6.20
橡胶制品业（29）	14.50	10.96	9.41	9.01	8.94	8.94	9.04	9.97	-4.53
塑料制品业（30）	15.41	11.14	9.14	8.71	8.62	8.62	9.03	9.94	-5.47
非金属矿物制品业（31）	13.17	9.87	8.58	8.23	8.10	8.10	8.30	9.05	-4.12
黑色金属冶炼及压延加工业（32）	8.05	6.03	5.46	5.27	5.19	5.19	5.23	5.69	-2.36
有色金属冶炼及压延加工业（33）	7.93	6.00	5.45	5.25	5.19	5.19	5.17	5.66	-2.27
金属制品业（34）	8.09	6.33	5.78	5.61	5.61	5.60	5.67	6.03	-2.06
通用设备制造业（35）	12.02	8.46	7.12	6.90	6.88	6.88	7.21	7.81	-4.21
专用设备制造业（36）	11.55	8.24	7.03	6.78	6.77	6.77	7.12	7.65	-3.90
交通运输设备制造业（37）	16.31	11.93	10.04	9.55	9.46	9.46	9.83	10.77	-5.54
电气机械及器材制造业（39）	11.01	7.85	6.68	6.44	6.40	6.40	6.65	7.25	-3.76
通信设备、计算机及其他电子设备制造业（40）	13.21	9.18	7.49	7.15	7.12	7.12	8.88	8.50	-4.71
仪器仪表及文化、办公用机械制造业（41）	15.76	11.07	9.16	8.73	8.60	8.60	9.63	10.07	-5.69
工艺品及其他制造业（42）	14.46	10.68	9.05	8.64	8.41	8.42	8.46	9.57	-4.89
各行业平均	16.03	11.69	9.53	9.04	8.960	8.950	9.240	10.32	-5.71

注：限于篇幅，省略了部分年份的中间品进口关税。

资料来源：根据世界银行的 WTIS 数据库、WTO 的 Tariff Download Facility 数据库及 2002 年中国投入产出表计算所得。

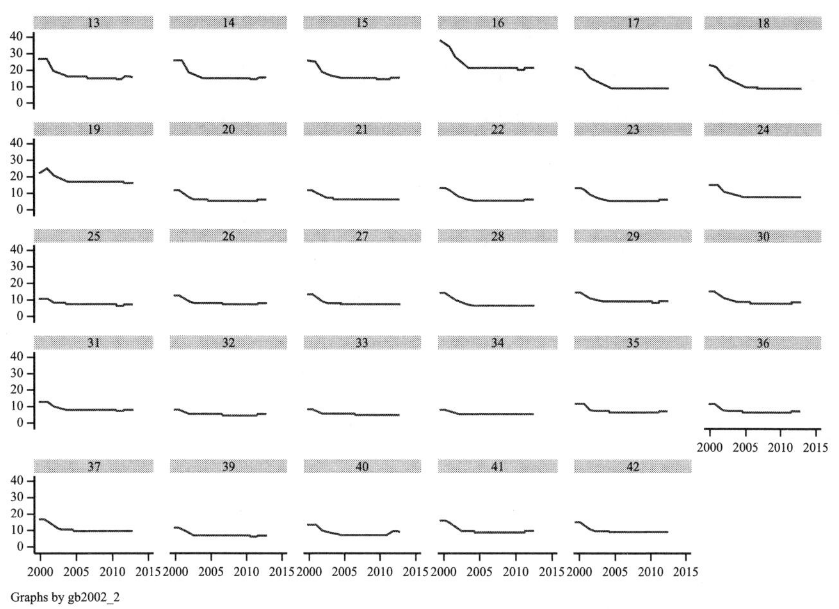

图4-2 2000~2013年中国制造业行业中间品进口关税变化趋势

资料来源：根据计算结果绘得。

第一，29个制造业行业中间品进口关税均经历了不同幅度的下降，说明降税的覆盖面非常广泛；进口关税的下降幅度从最高15.96%到最低2.43%，差距较大，其中降幅最大的五个行业是烟草制品（16）、纺织服装、鞋、帽制造业（18）、纺织业（17）、农副食品加工业（13）和食品制造业（14），下降幅度分别为15.96%、13.51%、12.96%、11.16%和11.13%。

第二，"入世"前与"入世"后高关税行业和低关税行业基本保持稳定。"入世"前各行业进口关税在7.93%~38.06%之间，其中关税最高的三个行业是烟草制品业（16）、农副食品加工业（13）和食品制造业（14），中间品进口关税分别为38.06%、26.99%和26.37%；关税最低的三个行业是有色金属冶炼及压延加工业（33）、黑色金属冶炼及压延加工业（32）和金属制品业（34），进口关税分别为7.93%、8.05%和8.09%。"入世"后各行业进口关税在5.25%~21.47%之间，其中关税最高的三个行业基本不变，是烟草制品业（16）、皮革、皮毛、羽毛（绒）及其制品业（19）和农副食品加工业（13），进口关税分别为22.36%、17.48%和16.34%；关税最低的三个行业保持不变，仍然是有色金属冶炼及压延加工业（33）、黑色金属冶炼及压延加工业（32）和金属制品业（34），进口关税分别为5.31%、5.33%和5.72%。

第三，“入世”前关税水平和“入世”后关税削减幅度成正比关系。通过比较发现，“入世”前关税水平较高的行业，如农副食品加工业（13）、食品制造业（14）、饮料制造业（15）、烟草制品（16）、纺织业（17）和纺织服装、鞋、帽制造业（18）也是“入世”后关税削减幅度较大的行业；而“入世”前关税水平较低的行业，如有色金属冶炼及压延加工业（33）、黑色金属冶炼及压延加工业（32）、金属制品业（34）、电气机械及器材制造业（39）和石油加工、炼焦及核燃料加工业（25）也是“入世”后关税削减幅度较小的行业。

4.3 中国制造业企业加成率的典型事实

加成率是产品或服务的价格偏离其边际成本的幅度，企业加成率的高低反映了企业的盈利能力及动态竞争力，具体而言，企业加成率越高，说明企业盈利能力和竞争力越高。

4.3.1 企业加成率的测算方法

现有文献对企业加成率的测算方法主要有生产函数法（Hall et al.，1986；Roeger，1995；Edmond et al.，2012；De Loecker and Warzynski，2012）和会计法（Domowitz，1986）两大类，其中生产函数法又根据生产函数及要素产出弹性估计方法的不同分为德勒克和沃辛斯基（De Loecker and Warzynski）方法、爱德蒙（Edmond）方法和索罗余值法。本书分别使用德勒克和沃辛斯基（De Loecker and Warzynski）方法、爱德蒙（Edmond）方法、会计法对中国制造业企业加成率予以测算。

1. 德勒克和沃辛斯基（De Loecker and Warzynski）方法

德勒克和沃辛斯基（De Loecker and Warzynski，2012）在豪尔等

（Hall et al.，1986）研究基础上，使用结构方程模型方法，通过构造成本最小化问题计算企业加成率。其优点是放松了市场结构和需求结构等条件约束，并且使用奥利和帕克斯（Olley and Pakes，1996）半参数法克服了不可观测因素可能导致的估计偏差，对企业加成率进行了较为科学、准确的估计。因此下文的事实分析和实证研究也将主要采用德勒克和沃辛斯基（De Loecker and Warzynski）方法计算的企业加成率。

假设企业 i 在时间 t 的生产函数为：

$$Q_{it} = F_{it}(X_{it},\ \varphi_{it}) \tag{4-3}$$

其中，Q_{it}表示企业的实际产出水平；X_{it}表示要素投入数量，具体包括劳动要素(L_{it})、资本要素(K_{it})和中间品要素(M_{it})的投入数量；φ_{it}表示企业特定的希克斯中性生产率。假设生产函数 $F_{it}(\cdot)$连续二阶可导，企业面临的成本最小化问题为：

$$\min_{\{L_{it},K_{it},M_{it}\}} w_{it}L_{it} + r_{it}K_{it} + p_{it}^{m}M_{it} \tag{4-4}$$

$$s.t.\ F_{it}(L_{it},\ K_{it},\ M_{it},\ \varphi_{it}) \geqslant \bar{Q}_{it} \tag{4-5}$$

其中，w_{it}，r_{it}和 p_{it}^{m}表示劳动要素、资本要素和中间品要素的价格，$\bar{Q}_{it}$表示企业最低产出水平。根据企业成本最小化原则构建拉格朗日函数：

$$L_{it}(L_{it},\ K_{it},\ M_{it},\ \lambda_{it}) = w_{it}L_{it} + r_{it}K_{it} + p_{it}^{m}M_{it} + \lambda_{it}(\bar{Q}_{it} - F_{it}(\cdot)) \tag{4-6}$$

根据式（4-6）对中间品要素投入数量（M_{it}）一阶求导，得到：

$$\frac{\partial L_{it}}{\partial M_{it}} = p_{it}^{m} - \lambda_{it}\frac{\partial F_{it}}{\partial M_{it}} = 0 \tag{4-7}$$

对式（4-7）重新整理，且等式两边同乘以$\frac{M_{it}}{Q_{it}}$，得：

$$\frac{\partial F_{it}}{\partial M_{it}}\frac{M_{it}}{Q_{it}} = \frac{1}{\lambda_{it}}\frac{p_{it}^{m}M_{it}}{Q_{it}} = \frac{P_{it}}{\lambda_{it}}\frac{p_{it}^{m}M_{it}}{P_{it}Q_{it}} \tag{4-8}$$

其中 P_{it}表示最终产品的价格。

定义企业加成率 $\mu_{it} \equiv \frac{P_{it}}{mc_{it}}$。给定企业产出水平，企业边际成本$mc_{it} = \frac{\partial L_{it}}{\partial Q_{it}} = \lambda_{it}$，因此企业加成率可以表示为 $\mu_{it} = \frac{P_{it}}{\lambda_{it}}$，代入式（4-8）重新整理得到：

$$\mu_{it} = \frac{\theta_{it}^{m}}{\alpha_{it}^{m}} \tag{4-9}$$

其中，$\theta_{it}^{m} \equiv \frac{\partial F_{it}}{\partial M_{it}} \frac{M_{it}}{Q_{it}}$是企业中间品产出弹性，$\alpha_{it}^{m} \equiv \frac{p_{it}^{m} M_{it}}{P_{it} Q_{it}}$是企业中间品支出份额。由于利用中国工业企业数据库数据可以计算得到中间品支出份额，测算企业加成率 μ_{it}的难点就是中间品要素的产出弹性 θ_{it}^{m}。

将生产函数式（4－3）重新写作：

$$q_{it} = f_{it}(x_{it};\ \beta) + \varphi_{it} + \varepsilon_{it} \qquad (4-10)$$

其中，q_{it}表示企业实际产出的对数值；x_{it}表示企业要素投入数量的对数值，β 表示对应变量的估计系数；φ_{it}表示企业生产率，ε_{it}表示误差项。

为准确估计生产函数，本书使用德勒克等（De Loecker et al.，2016）提出的控制函数法解决企业投入要素价格缺失偏误和生产率冲击偏误。

其一，式（4－10）需要使用企业实际产出和要素投入数量，就目前掌握的数据只有劳动要素直接以数量单位给出，其他数据均包含价格因素，应使用企业投入品价格（ω_{it}）对其进行平减。由于企业层面投入品价格数据不可得，本书参照参考陆毅和余林徽（Yi Lu and Linhui Yu，2015）做法，先采用行业层面价格指数对企业名义产出和名义要素投入进行平减后[①]，再采用企业市场份额、企业出口状态、产品价格指数以及这些变量与平减后的资本、中间品的交叉项作为企业投入品价格的代理变量（$\tilde{\omega}_{it}$），通过控制函数 B（$\tilde{x}_{it}$，$\tilde{\omega}_{it}$；β）克服企业层面投入品价格指数缺失所致的偏误。此时：

$$f_{it}(x_{it};\ \beta) = f_{it}(\tilde{x}_{it};\ \beta) + B(\tilde{x}_{it},\ \tilde{\omega}_{it};\ \beta) \qquad (4-11)$$

其中，$\tilde{x}_{it}$表示经平减后的企业要素投入的对数值，具体包括从业人数(l_{it})、资本存量(k_{it})和中间品投入(m_{it})，$\tilde{\omega}_{it}$表示企业投入品价格代理变量。

其二，对于无法观测的生产率，本书采用莱文索恩和佩特林（Levinsohn and Petrin，2003）半参数方法对生产率进行控制。以中间品要素作为生产率(φ_{it})的代理变量，设 $m_{it} = m_t(k_{it},\ \varphi_{it},\ Z_{it})$，$Z_{it}$包括可能影响企业中间品要素需求的变量[②]。给定 $m_t(\cdot)$为单调函数，得到企业生产率函数为：

---

① 本书采用布兰特等（Brandt et al.，2012）做法，用产出价格指数平减名义产出水平得到企业实际产出，用行业层面的中间品要素和资本要素价格指数对中间品要素投入金额和固定资产净值进行平减。

② z 包括中间品进口关税、企业市场份额、企业出口状态、产品价格指数。

$$\varphi_{it} = h_t(m_{it}, k_{it}, Z_{it}) \tag{4-12}$$

根据式（4－10）、式（4－11）和式（4－12），真正要估计的生产函数为：

$$q_{it} = \emptyset_{it} + \varepsilon_{it} \tag{4-13}$$

其中：

$$\emptyset_{it} = f_{it}(\tilde{x}_{it}; \beta) + B(\tilde{x}_{it}, \tilde{\omega}_{it}; \beta) + h_t(m_{it}, k_{it}, Z_{it}) \tag{4-14}$$

为了得到稳健的生产函数估计系数，本书采用阿克伯格等（Ackerberg et al.，2015）提出的两步法进行估计：

第一步，采用非参数法估计式（4－13），得到产出估计值（$\hat{\phi}_{it}$）和误差估计值（$\hat{\varepsilon}_{it}$）。本书将$f_{it}(\cdot)$设为超越对数生产函数形式，以保证参数有更好的柔性（De Loecker and Warzynski，2012）。

$$f_{it}(\cdot) = \beta_l l_{it} + \beta_k k_{it} + \beta_m m_{it} + \beta_{ll} l_{it}^2 + \beta_{kk} k_{it}^2 + \beta_{mm} m_{it}^2 + \beta_{lk} l_{it} k_{it} + \beta_{lm} l_{it} m_{it} + \beta_{km} k_{it} m_{it} + \beta_{lkm} l_{it} k_{it} m_{it} \tag{4-15}$$

第二步，使用GMM方法对生产函数进行参数估计。先假设生产率动态方程服从一阶马尔可夫（Markov）过程。阿米提和科宁斯（Amiti and Konings，2007），里里夫娃和特雷夫勒（Lileefva and Trefler，2010），陈勇兵等（2012）均认为贸易自由化对企业生产率具有明显提高作用，因此本书将最终品进口关税（τ_{jt}^{output}）和中间品进口关税（τ_{jt}^{input}）纳入生产率动态方程：

$$\varphi_{it} = g_t(\varphi_{it-1}, \tau_{jt-1}^{output}, \tau_{jt-1}^{input}) + \epsilon_{it} \tag{4-16}$$

用第一阶段得到的产出估计值（$\hat{\phi}_{it}$），根据$\varphi_{it} = \hat{\phi}_{it} - f_{it}(\tilde{x}_{it}; \beta) - B(\tilde{x}_{it}, \tilde{\omega}_{it}; \beta)$计算相应的生产率$\varphi_{it}(\beta)$，接着用得到的生产率$\varphi_{it}(\beta)$对其滞后项（$\varphi_{it-1}$）、最终品进口关税（$\tau_{jt-1}^{output}$）和中间品进口关税（$\tau_{jt-1}^{input}$）回归得到式（4－16）的残差$\hat{\epsilon}_{it}(\beta)$，最后利用生产率残差项与当期资本存量、滞后期劳动投入、滞后期中间投入不相关矩条件进行GMM估计得到生产函数参数向量$\hat{\beta} = (\hat{\beta}_l, \hat{\beta}_k, \hat{\beta}_m, \hat{\beta}_{ll}, \hat{\beta}_{kk}, \hat{\beta}_{mm}, \hat{\beta}_{kl}, \hat{\beta}_{lm}, \hat{\beta}_{km}, \hat{\beta}_{lkm})$。至此，计算得到企业中间品要素产出弹性：

$$\hat{\theta}_{it}^m = \hat{\beta}_m + 2\hat{\beta}_{mm} m_{it} + \hat{\beta}_{lm} l_{it} + \hat{\beta}_{km} k_{it} + \hat{\beta}_{lkm} l_{it} k_{it} \tag{4-17}$$

将中间品要素产出弹性$\hat{\theta}_{it}^m$代入式（4－9）可计算得到企业加成率μ_{it}。并且，企业生产率（φ_{it}）可以同时在此过程中得到。

2. 爱德蒙（Edmond）方法

爱德蒙等（Edmond et al.，2012）以阿特克森和伯斯坦（Atkeson

and Burstein，2008）模型为基础，构造了本国市场上中间品生产商的柯布—道格拉斯（Cobb - Douglas）生产函数：

$$Y_{it} = A_{it} L_{it}^{\alpha} K_{it}^{\beta} \tag{4-18}$$

其中，Y_{it}表示企业产出，A_{it}表示企业生产率，L_{it}表示企业劳动要素，K_{it}表示企业资本要素，α、β 分别表示劳动要素产出弹性和资本要素产出弹性。

根据企业利润最大化条件推导得到企业加成率、劳动投入产出弹性与劳动投入支出份额的关系式，进一步整理得到企业加成率计算公式：

$$\mu_{it} = \alpha \cdot \left(\frac{W_t L_{it}}{p_{it} Y_{it}}\right)^{-1} \tag{4-19}$$

其中，μ_{it}表示企业 i 第 t 年的加成率，W_t 表示第 t 年工资水平，p_{it} 表示企业 i 第 t 年的产品价格。$\frac{W_t L_{it}}{p_{it} Y_{it}}$表示劳动投入的支出份额，可以直接利用工业企业数据库数据计算得到；劳动投入的产出弹性 α 可以通过对生产函数进行最小二乘法回归估计得到。将劳动投入的支出份额与产出弹性代入式（4-19）可计算得到企业加成率。

因为爱德蒙（Edmond）方法在计算中并未克服不可观测因素可能导致的估计偏差，对企业加成率的估计可能存在一定偏差，因此本书将爱德蒙（Edmond）方法计算的加成率仅作为稳健性研究使用。

3. 会计方法

多莫维茨（Domowitz，1986）采用企业增加值、工资支出和中间品投入成本三个会计指标表示了企业边际成本和产品价格的关系：

$$\frac{p_{it} - c_{it}}{p_{it}} = 1 - \frac{1}{\mu_{it}} = \frac{va_{it} - wa_{it}}{va_{it} + input_{it}} \tag{4-20}$$

其中，va_{it}表示企业工业增加值，wa_{it}表示企业当年所付工资总额，$input_{it}$表示企业当年净中间品要素成本。进一步整理得到企业加成率计算公式：

$$\mu_{it} = \frac{va_{it} + input_{it}}{wa_{it} + input_{it}} \tag{4-21}$$

根据式（4-21）可以计算得到企业加成率。会计法的优点是数据易得，计算简便，但因为其忽视了外部冲击及内部变量间的互相联系，使得计算结果具有片面性，因此本书将会计法计算的加成率仅作为稳健性研究使用。

4.3.2　企业加成率的定量测算与分析

本书使用德勒克和沃辛斯基（De Loecker and Warzynski）方法、爱德蒙（Edmond）方法和会计法计算了中国制造业企业加成率[①]，分别表示为 μ^{DLW}、μ^{Edmond} 和 μ^{ac}，并根据计算结果绘制了企业加成率变化趋势（见图4－3）。从中可以看出，其一，2000～2013年期间中国制造业企业加成率呈上升趋势，其中，μ^{DLW} 由2000年1.15上升到2013年1.34，增长了16.52%；μ^{Edmond} 由2000年1.29上升到2006年1.45，增长了12.40%；μ^{ac} 由2000年1.21上升到2006年1.36，增长了12.40%。其二，受2008年金融危机影响，2009年企业加成率均出现不同幅度的下降，但是从2010年就开始恢复增长，且增长速度较快，年均增长率近1.60%。其三，三种估计方法得到的企业加成率具有显著的差距，从加成率均值来看，从大到小依次为 μ^{Edmond}、μ^{ac} 和 μ^{DLW}，分别为1.37、1.29和1.23。

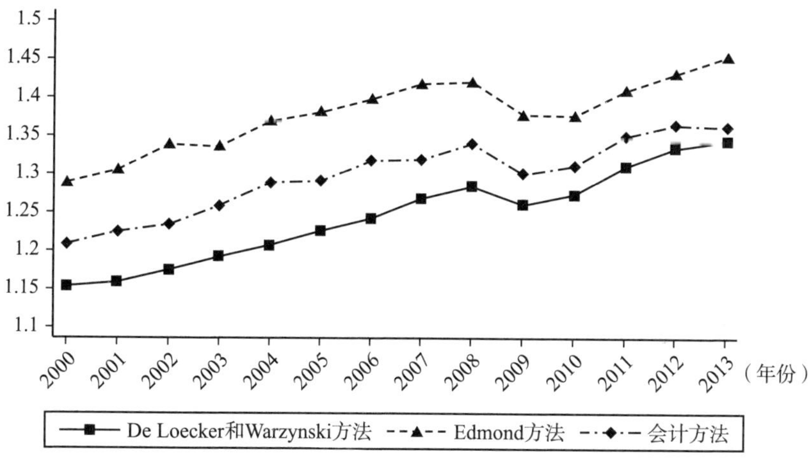

图4－3　2000～2013年中国制造业企业加成率变化趋势

资料来源：根据计算结果绘得。

① 详见附录A1。

考察了中国制造业企业加成率整体变化趋势后，为进一步分析不同行业加成率的水平差异及变化趋势，本书按照德勒克和沃辛斯基（De Loecker and Warzynski）方法计算的企业加成率（μ^{DLW}）统计了2分位行业加成率（见表4-2），并根据计算结果绘制了29个行业的加成率均值排序（见图4-4）、加成率变化趋势（见图4-5）及加成率变化幅度排序（见图4-6）。分析图表可以得出：

表4-2　　　　2分位制造业行业加成率

行业名称（代码）	2000年	2002年	2004年	2006年	2008年	2010年	2013年	均值	变化
农副食品加工业（13）	1.15	1.17	1.21	1.23	1.28	1.27	1.35	1.24	0.20
食品制造业（14）	1.15	1.17	1.21	1.24	1.28	1.26	1.35	1.24	0.20
饮料制造业（15）	1.13	1.14	1.18	1.22	1.26	1.24	1.34	1.21	0.21
烟草制品业（16）	1.12	1.12	1.13	1.14	1.14	1.15	1.32	1.14	0.20
纺织业（17）	1.14	1.17	1.21	1.24	1.27	1.27	1.33	1.24	0.19
纺织服装、鞋、帽制造业（18）	0.95	0.96	0.97	0.99	1.03	1.01	1.11	1.00	0.16
皮革、毛皮、羽毛（绒）及其制品业（19）	0.98	1.00	1.01	1.03	1.08	1.07	1.15	1.04	0.17
皮革、毛皮、羽毛（绒）及其制品业（19）	0.98	1.00	1.01	1.03	1.08	1.07	1.15	1.04	0.17
木材加工及木竹、藤棕、草制品业（20）	1.03	1.04	1.06	1.09	1.14	1.12	1.24	1.10	0.21
家具制造业（21）	1.19	1.20	1.19	1.24	1.29	1.27	1.35	1.25	0.16
造纸及纸制品业（22）	1.16	1.18	1.20	1.25	1.29	1.28	1.35	1.24	0.19
印刷业和记录媒介的复制（23）	1.12	1.14	1.15	1.20	1.23	1.22	1.30	1.19	0.18
文教体育用品制造业（24）	1.17	1.19	1.18	1.22	1.26	1.24	1.36	1.23	0.19
石油加工、炼焦及核燃料加工业（25）	1.27	1.27	1.30	1.35	1.41	1.40	1.52	1.36	0.25

续表

行业名称（代码）	2000年	2002年	2004年	2006年	2008年	2010年	2013年	均值	变化
化学原料及化学制品制造业（26）	1.24	1.27	1.31	1.34	1.39	1.38	1.44	1.35	0.20
医药制造业（27）	1.24	1.25	1.26	1.29	1.31	1.31	1.40	1.30	0.16
化学纤维制造业（28）	1.19	1.20	1.26	1.29	1.34	1.35	1.37	1.30	0.18
橡胶制品业（29）	1.14	1.16	1.17	1.23	1.28	1.26	1.35	1.25	0.21
塑料制品业（30）	1.20	1.21	1.22	1.27	1.30	1.29	1.35	1.27	0.15
非金属矿物制品业（31）	1.11	1.13	1.16	1.21	1.26	1.24	1.39	1.21	0.28
黑色金属冶炼及压延加工业（32）	1.18	1.21	1.26	1.30	1.37	1.35	1.45	1.30	0.27
有色金属冶炼及压延加工业（33）	1.22	1.24	1.28	1.34	1.38	1.39	1.36	1.33	0.14
金属制品业（34）	1.19	1.22	1.22	1.27	1.31	1.30	1.35	1.27	0.16
通用设备制造业（35）	1.22	1.25	1.31	1.33	1.38	1.37	1.42	1.34	0.20
专用设备制造业（36）	1.12	1.15	1.22	1.25	1.29	1.28	1.35	1.25	0.23
交通运输设备制造业（37）	1.14	1.16	1.21	1.24	1.28	1.27	1.34	1.24	0.20
电气机械及器材制造业（39）	1.20	1.22	1.25	1.28	1.32	1.32	1.34	1.29	0.14
通信设备、计算机及其他电子设备制造业（40）	1.19	1.21	1.23	1.24	1.28	1.27	1.35	1.25	0.16
仪器仪表及文化、办公用机械制造业（41）	1.16	1.18	1.23	1.25	1.28	1.28	1.33	1.25	0.17
工艺品及其他制造业（42）	1.17	1.19	1.21	1.23	1.28	1.26	1.47	1.24	0.30
各行业平均	1.15	1.17	1.21	1.24	1.28	1.27	1.34	1.24	0.19

注：限于篇幅，省略了部分年份的加成率。
资料来源：根据工业企业数据库数据计算所得。

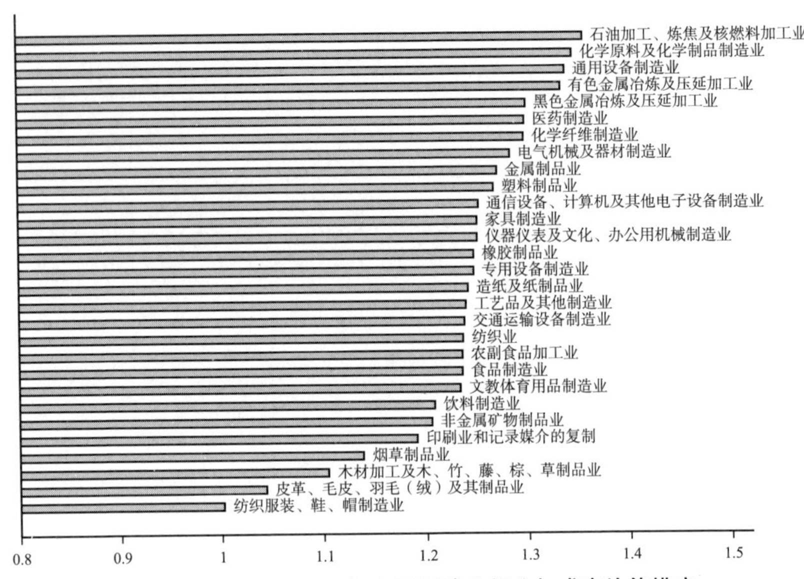

图 4－4　2000～2013 年中国制造业行业加成率均值排序

资料来源：根据计算结果绘得。

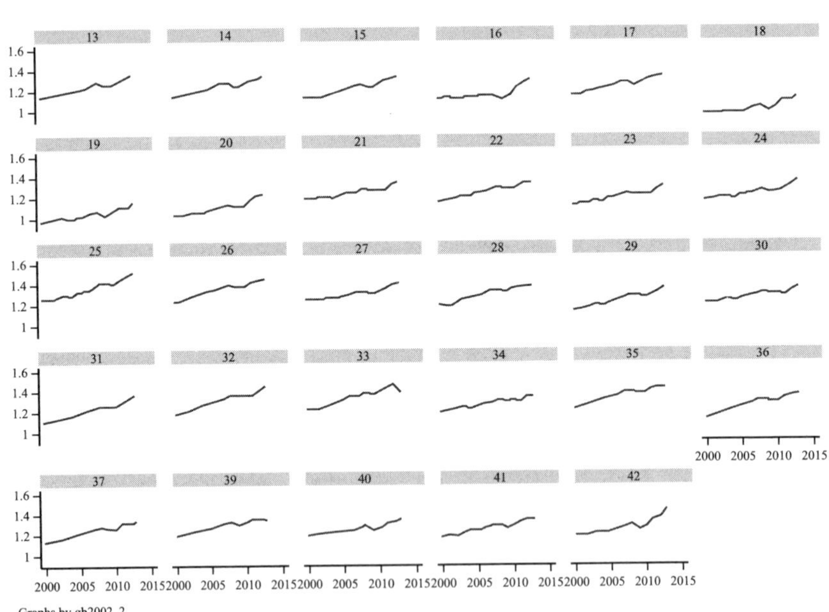

图 4－5　2000～2013 年中国制造业行业加成率变化趋势

资料来源：根据计算结果绘得。

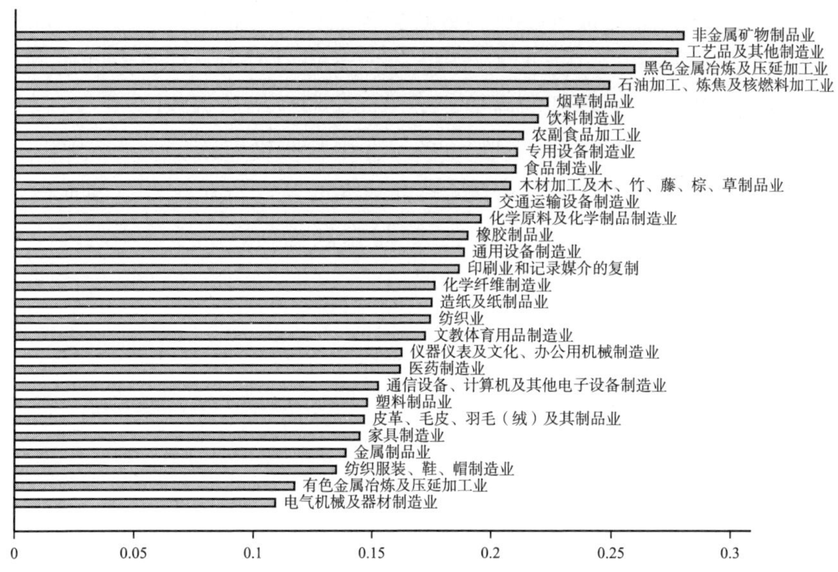

图4－6　2000～2013年中国制造业行业加成率变化幅度排序

资料来源：根据计算结果绘得。

第一，从行业加成率均值水平看，资本和技术密集型行业加成率水平较高，劳动密集型行业加成率水平较低。结合表4－2和图4－4可以看出，样本期各行业加成率均值在1.002～1.356之间，其中加成率最高的几个行业均是资本和技术密集型行业，如石油加工、炼焦及核燃料加工业（25）、化学原料及化学制品制造业（26）和通用设备制造业（35）和有色金属冶炼及压延加工业（33），加成率均超过1.33，值得注意的是，这些行业也是中间品进口额最高几个的行业①；加成率最低的几个行业均是劳动密集型行业，有纺织服装、鞋、帽制造业（18）、皮革、毛皮、羽毛（绒）及其制品业（19）、木材加工及木、竹、藤、棕、草制品业（20），加成率均不足1.10。

① 根据本书样本数据计算，行业中间品年均进口额为173亿元，进口额最高的五个行业为：通信设备、计算机及其他电子设备制造业（40）、化学原料及化学制品制造业（26）、交通运输设备制造业（37）、电气机械及器材制造业（39）、石油加工、炼焦及核燃料加工业（25）、通用设备制造业（35）。

第二，从行业加成率变化趋势看，各个行业加成率均经历了不同程度的增长。结合表4－2、图4－5与图4－6可以看出，样本期间所有行业加成率都得到不同程度的增长，平均行业加成率从2000年1.15增长到2013年1.24，增长了7.83%；各行业增长幅度差距较大，从最高的0.176到最低的0.025，其中增长幅度最大的几个行业是非金属矿物制品业（31）、工艺品及其他制造业（42）、黑色金属冶炼及压延加工业（32）和石油加工、炼焦及核燃料加工业（25），加成率净增长均超过0.25。

为进一步从企业层面揭示企业加成率差异，本书计算了2000～2013年不同类型企业加成率（见表4－3），并绘制了不同类型企业加成率变化趋势（见图4－7）。

表4－3　　不同类型企业加成率

项目		2000年	2002年	2004年	2006年	2008年	2010年	2013年	均值
所有制类型	国有企业	1.07	1.07	1.10	1.14	1.20	1.20	1.29	1.11
	民营企业	1.16	1.18	1.21	1.24	1.28	1.27	1.34	1.25
	外资企业	1.22	1.21	1.22	1.25	1.30	1.28	1.35	1.27
出口状态	非出口企业	1.16	1.18	1.22	1.25	1.29	1.28	1.36	1.25
	出口企业	1.12	1.16	1.18	1.21	1.26	1.24	1.32	1.22
地区	东部地区企业	1.17	1.20	1.22	1.25	1.30	1.29	1.35	1.26
	中部地区企业	1.11	1.13	1.17	1.22	1.26	1.25	1.33	1.21
	西部地区企业	1.09	1.11	1.16	1.22	1.23	1.21	1.29	1.18
要素密集度	劳动密集型企业	1.09	1.11	1.14	1.16	1.20	1.19	1.26	1.17
	资本密集型企业	1.16	1.18	1.20	1.25	1.29	1.28	1.36	1.25
	技术密集型企业	1.19	1.22	1.26	1.29	1.33	1.32	1.39	1.30

注：限于篇幅，省略了部分年份的企业加成率。
资料来源：根据工业企业数据库数据计算所得。

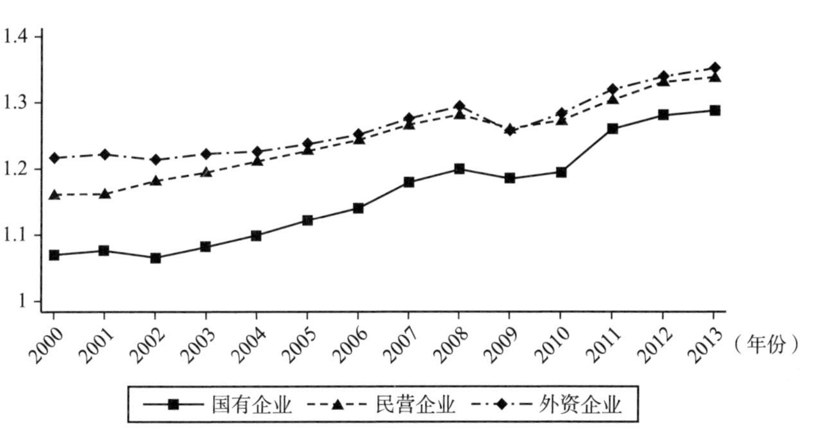
1.4
1.3
1.2
1.1
1
2000
2001
2002
2003
2004
2005
2006
2007
2008
2009
2010
2011
2012
2013
（年份）
国有企业
民营企业
外资企业

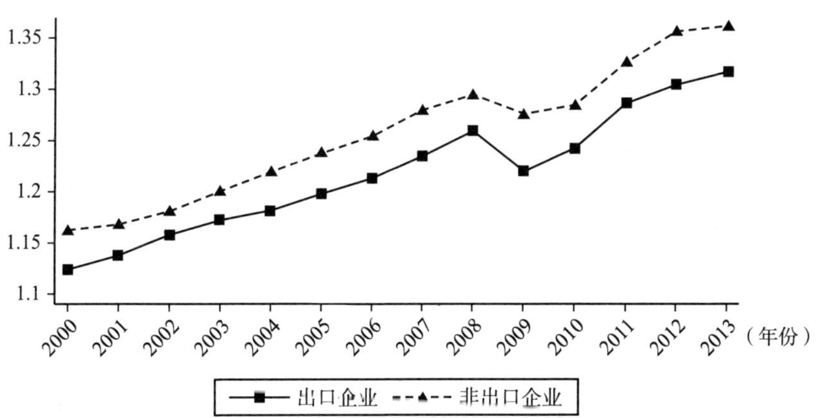
1.35
1.3
1.25
1.2
1.15
1.1
2000
2001
2002
2003
2004
2005
2006
2007
2008
2009
2010
2011
2012
2013
（年份）
出口企业
非出口企业

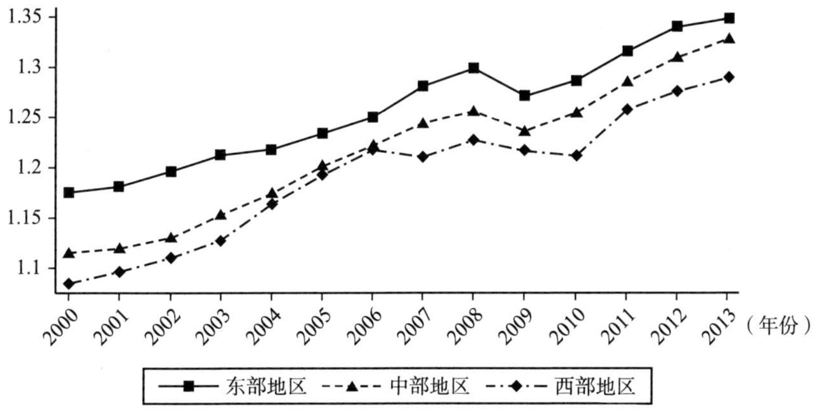
1.35
1.3
1.25
1.2
1.15
1.1
2000
2001
2002
2003
2004
2005
2006
2007
2008
2009
2010
2011
2012
2013
（年份）
东部地区
中部地区
西部地区

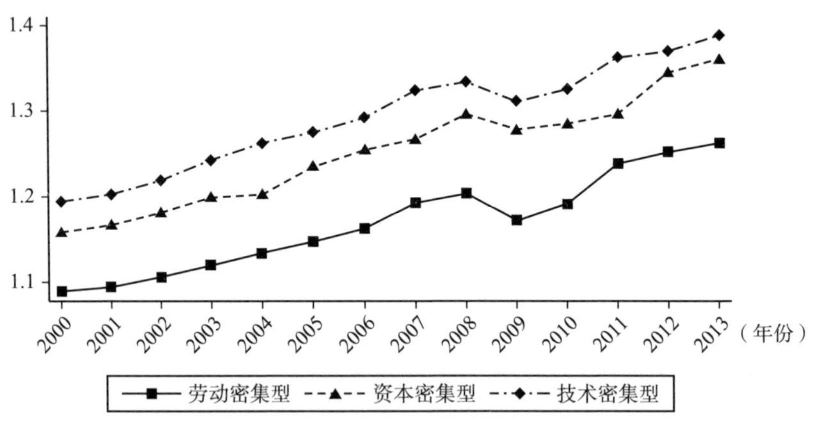

图 4－7　不同类型企业加成率变化趋势

资料来源：根据计算结果绘得。

结合表 4－3 和图 4－7 分析得出：

第一，按企业所有制类型考察。首先，从加成率变化趋势上看，国有企业、民营企业和外资企业的加成率整体呈现上升趋势，受 2008 年金融危机影响，2009 年三类企业加成率略有下降，但从 2010 年开始稳步回升；其次，从增长速度看，国有企业加成率增长速度最快，从 2000～2013 年加成率增长了 20.56%，民营企业次之，增长率为 15.52%，外资企业最低，增长率为 10.66%；最后，从加成率均值水平看，外资企业最高，但由于民营企业和国有企业加成率增长速度相对更高，缩小了与外资企业加成率差距。

第二，按企业出口状态考察。首先，从加成率变化趋势上看，两类企业加成率整体均呈现上升趋势，在 2008 年金融危机的冲击下，出口企业加成率下降幅度大于非出口企业，这与出口企业与国际市场联系更为紧密有关；其次，从整体增长速度看，非出口企业加成率增长速度更快，从 2000～2013 年非出口企业加成率增长了 9.32%，高于出口企业 7.88% 的增长率；最后，从加成率均值水平看，非出口企业加成率高于出口企业，该发现与现有文献结论一致。根据异质性企业贸易理论出口企业生产率及加成率应高于非出口企业（Bernard et al.，2003；Melitz and Ottaviano，2008），国外经验研究也证实企业出口与企业加成率正相关（Martín and Rodríguez，2010；De Loecker and Wasrzynski，2012），然而中国学者却发现由于国内市场分割、出口退税、补贴政策等原因造成出口企业行业内部过度竞争，导致中国出口企业加成率明显低于非出口企业（盛丹和王永进，2012；祝树金和张鹏辉，2015；刘啟仁和黄建忠，2015；黄先海等，2016a）。

第三，按企业所在地区考察。首先，从加成率变化趋势上看，东部、中部和西部地区企业加成率整体呈现上升趋势；其次，从增长速度看，中部地区企业加成率增长最高，从2000～2013年加成率增长了19.82%，西部地区企业次之，增长了18.35%，东部地区企业增长了15.38%；最后，从加成率均值水平看，东部地区企业加成率最高，均值达到1.26，其次是中部地区企业，均值为1.21，西部地区企业加成率最低，均值为1.18。

第四，按企业要素密集度考察。首先，从加成率变化趋势上看，无论是劳动密集型企业，或是资本、技术密集型企业，加成率整体呈现上升趋势，但是在2008年金融危机中，劳动密集型企业加成率下降幅度较大，原因可能是劳动密集型企业中存在大量加工贸易企业，加工贸易企业"两头在外"特征使其受国际市场变化的冲击较大；其次，从增长速度看，三类企业加成率增长较为均衡，从2000～2013年加成率均增长了16%左右；最后，从加成率均值水平看，技术密集型企业、资本密集型企业加成率较高，均值分别为1.30和1.25，而劳动密集型企业加成率均值仅为1.17，原因可能因为劳动密集型企业主要依靠劳动力成本优势，产品普遍技术水平不高，凭低价获取竞争优势，因此企业加成率较低。

4.4　中国制造业企业加成率离散度的典型事实

按照经济学理论，理想的完全竞争市场中不存在任何扭曲，资源在各个企业间自由流动，企业产品价格等于边际成本，企业加成率应该相等，此时资源达到最优配置效率。但是现实的市场中存在市场扭曲，资源在企业间无法自由流动，导致企业间加成率并不相同：低于平均加成率的企业存在生产过度，而高于平均加成率的企业存在生产不足，造成企业间资源错配（Robinson，1934）。此时资源配置效率取决于企业加成率离散度，加成率离散度越小，意味着资源在各个企业间配置效率越高，反之，则越低（Peters，2011）。4.3 节考察中国制造业企业加成率的典型事实，发现虽然不同行业和不同类型企业加成率的均值水平和增长速度存在差异，但各个行业和各个类型企业加成率均得到不同程度的提高，说明在此期间企业的盈利能力和动态竞争力得到增强，本节继续考察企业加成率离散度情况，以此了解中国资源配置效率状况。

4.4.1 企业加成率离散度的直观考察

本书首先绘制了 2000 ~ 2013 年中国制造业整体企业的加成率核密度估计曲线（见图 4 – 8），对加成率离散度变化进行直观考察。

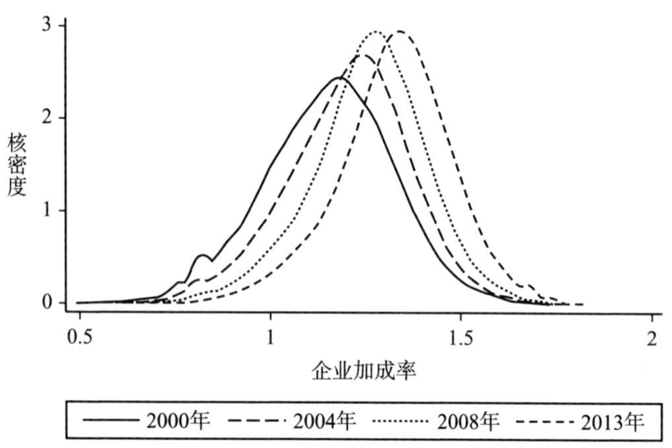

图 4 – 8 2000 ~ 2013 年中国制造业企业加成率核密度

资料来源：根据计算结果绘得。

从图 4 – 8 看出，第一，2000 ~ 2013 年间企业的核密度估计曲线不断右移，说明企业加成率在此期间呈增长趋势；第二，核密度估计曲线的形状由“矮胖”变得“高瘦”，且峰值呈现上升趋势，这说明企业间加成率差异程度不断缩小，加成率离散度下降，说明中国制造业资源配置效率得到提高。

4.4.2 企业加成率离散度指标的构建

通过绘制企业加成率核密度估计曲线可以从直观上看出，中国制造业企业加成率离散度整体下降，而且不同类型企业的加成率离散度下降程度不同。为了进一步量化企业加成率离散度的变化程度，本书构建加成率离散度度量指标。

目前对于加成率离散度的度量大多使用加成率的基尼系数或泰勒指数。陆毅和余林徽（Yi Lu and Linhui Yu，2015）、刘竹青和盛丹（2017）认为，泰勒指数除了具有基尼系数均值独立、与样本大小无关等多种优点外，还可以进行统计检验与分解，能测算分组样本的组内分布及组间分布，因此本书实证检验主要采用加成率泰勒指数（theil）度量的加成率离散度。该指数越小，说明加成率离散度越小，资源配置效率越高。此外，本书还借鉴毛日昇等（2017）、刘啟仁和黄建忠（2018）做法，计算加成率标准差的变异系数（cv）及相对均值离差（rmd）度量加成率相对离散度，用这两个指标做稳健性检验。三个指标计算公式为：

$$theil_{jt} = \frac{1}{n_{jt}}\sum_{i=1}^{n_{jt}} \frac{y_{jit}}{\overline{y}_{jt}}\ln\left(\frac{y_{jit}}{\overline{y}_{jt}}\right) \tag{4-22}$$

$$cv_{Jt} = \frac{\sqrt{v_{jt}}}{\overline{y}_{jt}} \tag{4-23}$$

$$rmd_{jt} = \frac{1}{n_{jt}}\sum_{i=1}^{n_{jt}} \left|\frac{y_{jit}}{\overline{y}_{jt}} - 1\right| \tag{4-24}$$

其中，n_{jt}表示第t年行业j中的企业数目，y_{jit}表示第t年行业j中企业i的加成率，$\overline{y}_{jt}$表示第t年行业j平均加成率，v_{jt}表示第t年行业j的加成率标准差。

4.4.3 企业加成率离散度的定量测算与分析

本书利用构建的企业加成率离散度测算指标，分别使用加成率泰勒指数（theil）、加成率相对均值离差（rmd）和加成率方差系数（cv）

计算了2000~2013年中国二位制造业行业的加成率离散度①，并根据计算结果绘制了加成率离散度的变化趋势（见图4-9）。从图4-9可以看出：其一，2000~2013年期间，中国制造业企业加成率离散度整体呈下降趋势，其中泰勒指数（theil）由2000年0.0167下降到2013年0.01353，下降了18.81%，相对均值离差（rmd）由2000年0.0686下降到2013年0.0301，下降了56.12%，方差系数（cv）由2000年0.1262下降到2013年0.1076，下降了14.75%，其二，三种指标计算的企业加成率离散度具有显著的差距，方差系数（cv）最大，均值为0.1109；相对均值离差（rmd）次之，均值为0.0404；泰勒指数（theil）最低，均值为0.0142。

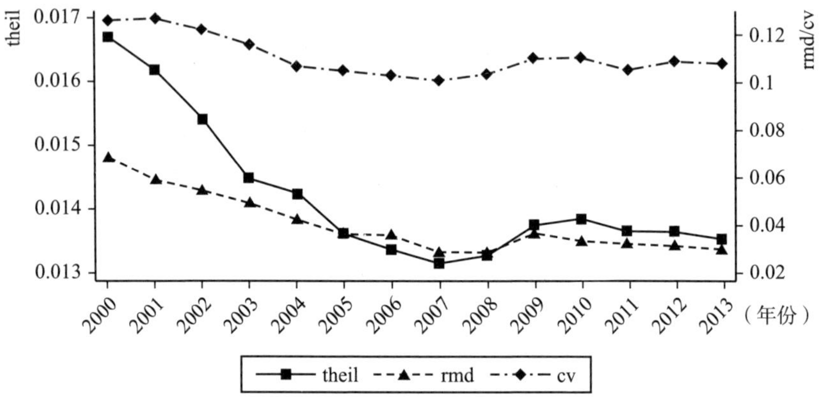

图4-9　2000~2013年中国制造业企业加成率离散度变化趋势

资料来源：根据计算结果绘得。

考察了中国制造业企业加成率离散度整体变化趋势后，为了进一步分析不同行业加成率离散度的水平差异和变化趋势，本书按照加成率泰勒指数（theil）统计了2分位行业加成率离散度（见表4-4），并绘制了29个行业的加成率离散度均值排序（见图4-10）、加成率离散度变化趋势（见图4-11）及加成率离散度变化幅度排序（见图4-12）。

① 详见附录A1。

表4-4 2分位制造业行业加成率离散度

行业名称（代码）	2000年	2004年	2008年	2013年	均值	变化
农副食品加工业（13）	0.0190	0.0156	0.0135	0.0117	0.0146	-0.0073
食品制造业（14）	0.0203	0.0158	0.0141	0.0142	0.0153	-0.0061
饮料制造业（15）	0.0186	0.0185	0.0161	0.0164	0.0173	-0.0022
烟草制品业（16）	0.0087	0.0114	0.0144	0.0167	0.0097	0.0080
纺织业（17）	0.0166	0.0133	0.0121	0.0118	0.0132	-0.0048
纺织服装、鞋、帽制造业（18）	0.0113	0.0128	0.0144	0.0132	0.0130	0.0019
皮革、毛皮、羽毛（绒）及其制品业（19）	0.0139	0.0145	0.0143	0.0128	0.0144	-0.0011
木材加工及木竹、藤棕、草制品业（20）	0.0149	0.0130	0.0112	0.0099	0.0116	-0.0050
家具制造业（21）	0.0129	0.0124	0.0120	0.0124	0.0123	-0.0005
造纸及纸制品业（22）	0.0148	0.0144	0.0135	0.0142	0.0142	-0.0006
印刷业和记录媒介的复制（23）	0.0134	0.0105	0.0081	0.0098	0.0100	-0.0036
文教体育用品制造业（24）	0.0128	0.0143	0.0126	0.0149	0.0137	0.0021
石油加工、炼焦及核燃料加工业（25）	0.0184	0.0162	0.0136	0.0135	0.0154	-0.0049
化学原料及化学制品制造业（26）	0.0177	0.0143	0.0129	0.0134	0.0141	-0.0043
医药制造业（27）	0.0138	0.0150	0.0178	0.0176	0.0158	0.0038
化学纤维制造业（28）	0.0218	0.0196	0.0194	0.0181	0.0193	-0.0037
橡胶制品业（29）	0.0142	0.0132	0.0133	0.0121	0.0131	-0.0021
塑料制品业（30）	0.0113	0.0115	0.0110	0.0134	0.0114	0.0021
非金属矿物制品业（31）	0.0154	0.0153	0.0148	0.0147	0.0148	-0.0007
黑色金属冶炼及压延加工业（32）	0.0259	0.0220	0.0205	0.0225	0.0219	-0.0034
有色金属冶炼及压延加工业（33）	0.0168	0.0169	0.0163	0.0126	0.0162	-0.0042
金属制品业（34）	0.0133	0.0118	0.0114	0.0129	0.0118	-0.0004
通用设备制造业（35）	0.0180	0.0122	0.0117	0.0144	0.0125	-0.0036
专用设备制造业（36）	0.0236	0.0150	0.0133	0.0127	0.0152	-0.0109
交通运输设备制造业（37）	0.0207	0.0145	0.0117	0.0144	0.0143	-0.0063
电气机械及器材制造业（39）	0.0142	0.0130	0.0122	0.0172	0.0130	0.0030

续表

行业名称（代码）	2000 年	2004 年	2008 年	2013 年	均值	变化
通信设备、计算机及其他电子设备制造业（40）	0.0207	0.0180	0.0171	0.0150	0.0180	-0.0057
仪器仪表及文化、办公用机械制造业（41）	0.0222	0.0173	0.0146	0.0128	0.0165	-0.0094
工艺品及其他制造业（42）	0.0152	0.0149	0.0153	0.0176	0.0149	0.0024
各行业平均	0.0167	0.0143	0.0133	0.0135	0.0140	-0.0032

注：限于篇幅，只列出部分年份的加成率离散度。
资料来源：根据工业企业数据库数据计算所得。

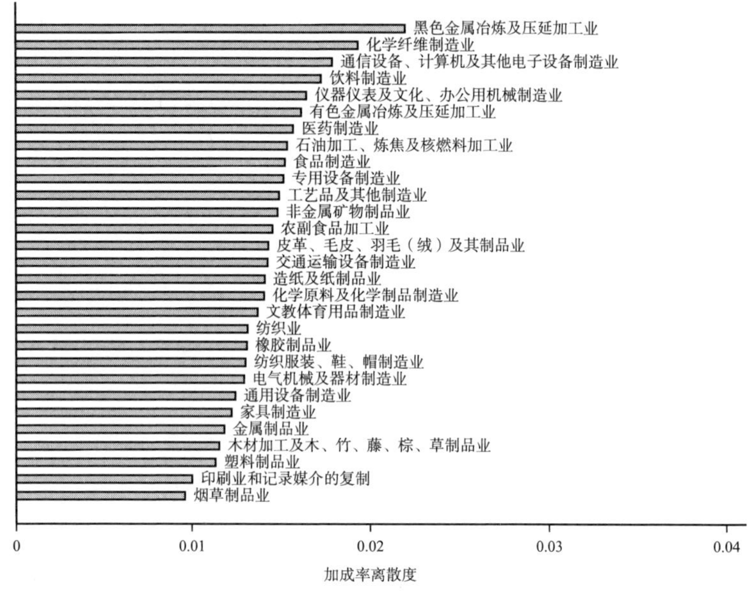

图 4-10 2000~2013 年中国制造业行业加成率离散度均值排序

资料来源：根据计算结果绘得。

第一，从行业加成率离散度均值水平看，结合表 4-4 和图 4-10 可以看出，加成率离散度均值在 0.0097~0.0219 之间，其中加成率离散度最高的几个行业是黑色金属冶炼及压延加工业（32）、化学纤维制造业（28）、通信设备、计算机及其他电子设备制造业（40）、饮料制造业（15）和仪器仪表及文化、办公用机械制造业（41）等，说明这些行业内企业加成率差异较大，资源配置效率较低；加成率离散度最低的几个行业是烟草制品业（16）、印刷业和记录媒介的复制（23）、塑料制品业（30）、木材加工及木竹、藤棕、草制品业（20）和金属制品（34），说明这些行业内企业加成率差异较小，资源配置效率较高。

第二，从行业加成率离散度变化趋势看，结合图4－11和图4－12可以看出，加成率离散度变化差异较大：第一类行业在样本期间始终呈不断下降趋势，其中下降较大的是专用设备制造业（36）、仪器仪表及文化、办公用机械制造业（41）、农副食品加工业（13）、交通运输设备制造业（37），说明这些行业的资源配置效率得到改善；第二类7个行业在样本期间加成率离散度反而上升，是医药制造业（27）、电气机械及器材制造业（39）、工艺品及其他制造业（42）、塑料制品业（30）、文教体育用品制造业（24）、纺织服装、鞋、帽制造业（18）和烟草制品业（16），说明这些行业的资源配置效率恶化；第三类行业加成率离散度在样本期间波动较为剧烈，如石油加工、炼焦及核燃料加工业（25）和烟草制品业（16）。

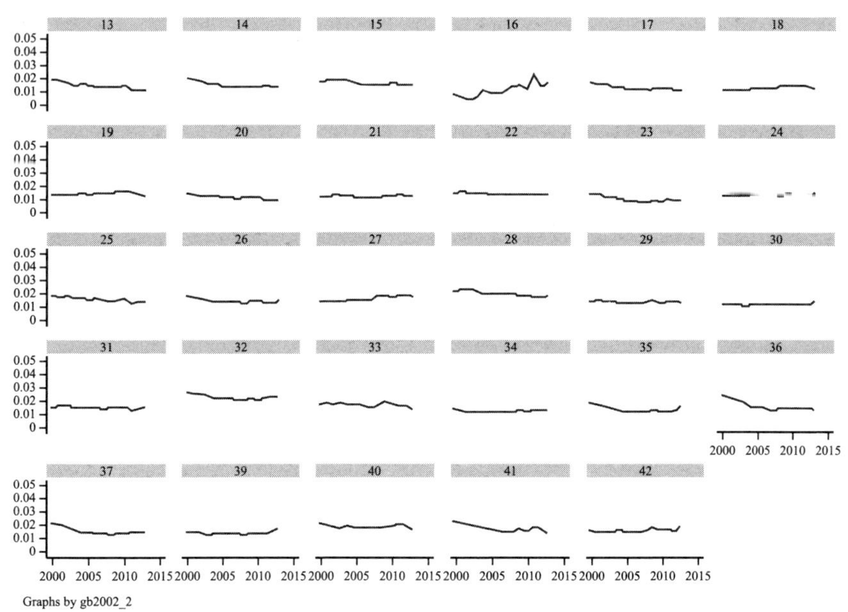

图4－11　2000～2013年中国制造业行业加成率离散度变化趋势

资料来源：根据计算结果绘得。

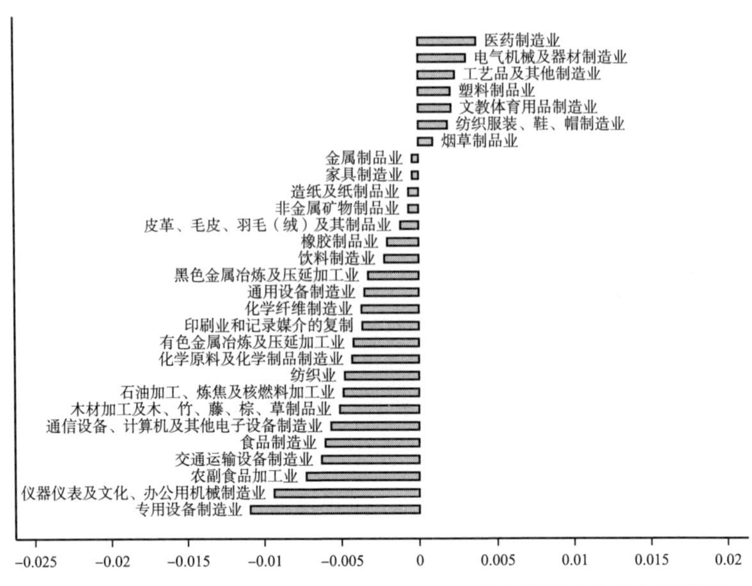

图 4-12　2000~2013 年中国制造业行业加成率离散度变化幅度排序

资料来源：根据计算结果绘得。

4.5　本章小结

本章主要对本书研究的三个核心变量中间品贸易自由化、企业加成率及企业加成率离散度进行了定量测算和分析，得到关于中国中间品贸易自由化水平、企业绩效水平与资源配置效率的事实统计结论，为下文的实证研究做好了数据准备。

第一，使用中间品进口关税作为中间品贸易自由化的衡量指标，构建了中间品进口关税计算公式，定量测算了中国制造业中间品贸易自由化水平。结果表明，2000~2013 年中国中间品进口关税率大幅度下降，说明中国经历了程度较高的中间品贸易自由化改革。中国制造业各行业中间品进口关税均经历不同幅度的下降，同时发现“入世”前后高关税行业和低关税行业基本保持稳定，而且“入世”前进口关税水平和“入世”后关税削减幅度成正比关系。

第二，使用德勒克和沃辛斯基（De Loecker and Warzynski）方法、爱德蒙（Edmond）方法及会计方法测算了中国制造业企业加成率。结果表明，2000～2013年中国制造业企业加成率呈现不断上升趋势，说明在此期间企业绩效水平得到提高。细分行业考察，发现29个制造业行业加成率均经历了不同程度增长。进一步细分企业考察，发现不同类型企业的加成率均值水平和增长速度差异较大：按企业所有制类型考察，外资企业加成率均值最高，但民营企业和国有企业加成率增长速度相对更高，与外资企业加成率的差距降低；按企业出口状态考察，非出口企业加成率均值和增长速度均高于出口企业；按企业所在地区考察，东部地区企业加成率最高，但从增长速度来看，中部和西部地区企业加成率增长更快；按企业要素密集度考察，资本和技术密集型企业加成率普遍较高，劳动密集型企业加成率较低，而且受国际市场影响也较大。

第三，通过绘制企业加成率核密度估计曲线直观考察发现，2000～2013年中国制造业企业间加成率差异程度不断缩小，加成率离散度下降，说明资源配置效率提高。进一步采用构建加成率泰勒指数（theil）、加成率相对均值离差（rmd）和加成率方差系数（cv）3个指标度量并定量测算了制造业行业内部企业加成率离散度。结果表明，中国制造业行业加成率离散度整体上呈现下降趋势，说明在此期间中国制造业资源配置效率得到改善。进一步细分行业考察，发现不同行业加成率离散度的均值水平和变化趋势差异较大，虽然大部分行业加成率离散度在样本期间持续稳定下降，但仍有个别行业加成率离散度波动较为剧烈，甚至有少数行业的加成率离散度在样本期间呈上升趋势，说明这些行业的资源配置效率进一步恶化。

第5章　中间品贸易自由化对中国制造业企业加成率影响的实证分析

本章实证检验了中间品贸易自由化对中国制造业企业加成率的影响及作用机制。第3章理论分析表明，中间品贸易自由化提高了企业加成率，并且产品质量差异化程度强化了中间品贸易自由化对企业加成率的提高作用；边际成本和产品质量是中间品贸易自由化提高企业加成率的重要渠道，且产品质量渠道又受到产品质量差异化程度的影响。为了验证理论分析的结论，本章进一步构建计量模型，使用中国制造业企业数据实证检验中间品贸易自由化对企业加成率的影响和作用机制，以及产品质量差异化程度在其中所起的作用。

5.1　中间品贸易自由化对企业加成率的影响

5.1.1　计量模型设定和变量选取

1. 计量模型设定

为了检验中间品贸易自由化对企业加成率的影响，根据第3章理论分析结论和研究需要设定如下计量模型：

$$\mu_{it} = \alpha_0 + \alpha_1 \tau_{it}^{input} + \beta X_{it} + v_i + v_t + \varepsilon_{it} \qquad (5-1)$$

其中，下标i和t分别表示企业和年份；被解释变量μ_{it}表示企业i第t年的加成率；τ_{it}^{input}表示中间品贸易自由化指标，使用企业i第t年中间品进口关税，其系数 α_1 刻画了企业中间品进口关税对企业加成率的影响，如果 $\alpha_1 < 0$ 且显著，说明中间品贸易自由化提高了企业加成率；X_{it}表示企业控制变量；v_i 和 v_t 分别表示企业固定效应和时间固定效应，ε_{it}表示扰动项。

控制变量 X_{it}集合为：

$$X_{it} = \gamma_1 outputtariff_{it} + \gamma_2 tfp_{it} + \gamma_3 process_{it} + \gamma_4 export_{it} + \gamma_5 size_{it} + \gamma_6 capital_{it} + \gamma_7 debit_{it} + \gamma_8 wage_{it} \quad (5-2)$$

其中，$outputtariff_{it}$表示企业最终品进口关税，tfp_{it}表示企业生产率，$process_{it}$表示加工贸易企业虚拟变量，$export_{it}$表示出口企业虚拟变量，$size_{it}$表示企业规模，$capital_{it}$表示企业资本劳动比，$debit_{it}$表示企业融资约束，$wage_{it}$表示企业平均工资。

2. 变量选取与数据来源

企业加成率（μ_{it}）。使用第4章德勒克和沃辛斯基（De Loecker and Warzynski）方法予以计算，具体计算方法已经在第4章详细说明。

企业中间品进口关税（τ_{it}^{input}）。相比行业层面的中间品进口关税，企业层面的中间品进口关税考虑了同一行业内不同企业面临的进口关税差异。构造企业层面中间品进口关税时，考虑到中间品进口关税下降幅度会影响企业进口该中间品的份额，为了控制这种内生性问题，本书借鉴托帕洛娃和坎德瓦尔（Topalova and Khandelwal，2011）、余淼杰和袁东（2016）的做法，采用初始年份的中间品进口额构建中间品进口固定权重，计算企业层面中间品进口关税。计算公式为：

$$\tau_{it}^{input} = \sum_{p \in \hat{\Omega}_{it}} \left(\frac{m_{ip,initial\_year}}{\sum_{p \in \Omega_{it}} m_{ip,initial\_year}} \right) \cdot \tau_{pt} \quad (5-3)$$

其中，i 表示企业，t 表示年份，p 表示 HS 协调编码6位码产品。$m_{ip,initial_year}$表示产品 p 样本期初始年份进口额，τ_{pt}指产品 p 第 t 年进口关税率，Ω_{it}指企业 i 第 t 年总进口的产品集合，$\hat{\Omega}_{it}$指企业 i 第 t 年非加工贸易中间品进口的产品集合。由于中国对加工贸易中间品进口实施免税政策，因此将产品层面中间品进口关税加和至企业层面时只使用非加工贸易中间品进口集合$\hat{\Omega}_{it}$。

控制变量（X_{it}）的具体设定和预期符号说明如下：

（1）企业最终品进口关税（outputtariff），用以控制最终品贸易自由化引致的竞争效应对企业加成率的影响。计算企业最终品进口关税最理想的是使用企业产品销售额度量进口竞争效应，但是此类数据无法获取，因此本书借鉴余林徽（Linhui Yu，2015）、余淼杰和袁东（2016）的做法，利用企业出口额计算最终品进口关税，其计算公式为：

$$outputtariff_{it} = \sum_{p \in E_{it}} \left(\frac{x_{ip,initial\_year}}{\sum_{p \in E_{it}} x_{ip,initial\_year}} \right) \cdot \tau_{pt} \qquad (5-4)$$

其中，$x_{ip,initial_year}$表示企业 i 产品 p 样本期初始年份出口额，τ_{pt}表示产品 p 在第 t 年的进口税率，E_{it}表示企业 i 第 t 年的出口产品集合。由于该构建方法基于产品国内销售额在企业总销售额中的份额与该产品出口额在企业总出口额中的份额相等的假设，因此纯内销和纯出口企业的最终品关税的度量不能适用这种方法，本书将这两类企业从样本中删除。最终品贸易自由化会通过加剧市场竞争降低企业加成率，即“促进竞争效应”，这得到了理论证明及包括中国在内许多国家经验研究的证实（Badinger，2007；Melitz and Ottaviano，2008；Bellone，2012；钱学锋等，2016），因此对该变量的预期符号为正。

（2）企业生产率（tfp），用以控制企业生产率对企业加成率的影响，本书采用莱文索恩和佩特林（Levinsohn and Petrin，2003）半参数方法计算了企业全要素生产率。通常而言，生产率越高的企业，其边际成本越低，从而企业加成率越高（Bernard et al.，2003），而且贸易自由化发生时，生产率越高的企业越有能力将下降的贸易成本转化为更高的加成率（Arkolakis et al.，2015），因此对该变量的预期符号为正。

（3）加工贸易企业虚拟变量（process），用以控制企业从事加工贸易对企业加成率的影响。如果企业从事加工贸易①，则定义为加工贸易企业，process 取值为 1，否则取值为 0。黄先海等（2016b）研究发现从事加工贸易是造成中间品进口企业加成率较低的原因，而且李春顶（2015）等研究发现加工贸易企业生产率普遍相对较低，因此对该变量的预期符号为负。

① 根据 2012 年海关总署报告的 16 种特定类型的加工贸易，凡是企业从事以下方式贸易均认为企业从事加工贸易：国家间国际组织无偿援助和赠送的物资、补偿贸易、来料加工贸易、进料加工贸易、寄售代销贸易、边境小额贸易、对外承包工程出口货物、租赁贸易、出料加工贸易、易货贸易、保税仓库进出境货物、保税区仓储转口货物、其他境外捐赠物资、免税外汇商品、出口加工区进口设备、外商投资企业作为投资进口的设备物品。

(4) 出口企业虚拟变量(export),用以控制企业出口行为对企业加成率的影响,如果企业是出口企业,export 取值为 1,否则取值为 0。根据异质性企业贸易理论出口企业生产率及加成率高于非出口企业(Bernard et al. ; 2003; Melitz and Ottaviano, 2008),国外经验研究也证实企业出口与企业加成率正相关(Martín and Rodríguez, 2010; De Loecker and Wasrzynski, 2012),然而中国学者却发现相比非出口企业,中国出口企业加成率更低(黄先海等 2016a),因此对该变量的预期符号为负。

(5) 企业规模(size),用以控制企业市场势力对企业加成率的影响,采用企业平均人数计算得到。一般来说,规模较大的企业市场势力大,从而对投入要素的议价能力强,在生产经营中更有能力控制生产成本,因此对该变量的预期符号为正。

(6) 企业资本劳动比(capital),用以控制企业禀赋状况对企业加成率的影响,用平减[①]的固定资产合计与从业人数的比值表示。通常情况下资本充裕的企业会投入更多的资金用于购买机器设备、进行新产品的研发创新,对企业加成率具有正向影响;但同时按照要素禀赋理论,中国劳动密集型企业具有比较优势,资本密集型企业竞争力未必高,且资本集中度高的企业有可能因为资金占用大,导致流动性约束,对企业加成率有负向影响,因此对该变量的预期符号不确定。

(7) 企业融资约束(debit),用以控制企业财务状况对企业加成率的影响,用企业总负债与企业总资产的比值表示。一般来说企业债务多,成本负担大,对企业加成率具有负向影响,因此对该变量的预期符号为负。

(8) 企业平均工资(wage),采用当年应付工资总额与企业平均就业人数的比值表示。一方面在目前中国劳动力成本日益上升背景下,用平均工资反映企业劳动力成本,控制成本因素对企业加成率的影响;另一方面,高工资反映了较高的人力资本水平,企业的创新和研发能力较强,企业加成率高(刘啟仁和黄建忠, 2016; 诸竹君等, 2017; 黄先海等, 2018),因此对该变量的预期符号不确定。

本章实证检验数据来自三个微观数据库。第一个是国家统计局的中

① 本书平减处理中使用的平减指数来源于布兰特等(Brandt et al. , 2012)的研究。

国工业企业数据库，该数据库是企业层面数据，提供了计算企业加成率、企业中间品进口关税等企业层面变量的数据。本章按照第 4 章做法对该数据库进行处理：保留 2 分位行业代码为 13 ~ 42（不含 38）共 29 个制造业行业的企业予以研究，并删除数据中的异常值。第二个是中国海关总署的海关贸易数据库①，该数据库是产品层面数据，提供了本研究所需的产品贸易数据。由于此数据库为产品月度数据，本书先将其加总为年度数据，并根据 BEC 编码识别出中间品进口②。第三个是世界银行与 WTO 网站的中国进口关税数据，本书将进口关税数据的统计口径统一为 HS2002 版本的 6 位码产品进口税率。

由于工业企业数据库和海关贸易数据库各自含有本研究所需数据，需要对这两个数据库合并后使用。本章参考田巍和余淼杰（2014）两步匹配方法对工业企业数据库和海关贸易数据库进行合并，具体做法是：第一步，先根据企业名称进行匹配，如果在同一年份两套数据库内的企业名相同就认为是相同企业；第二步，原样本基础上删除第一步匹配完的企业，再利用企业邮政编码和最后 7 位电话号码进行匹配，进一步识别相同企业。鉴于中间品贸易自由化对贸易中间商的影响与对生产类企业不同，本书参考安等（Ahn et al.，2011）、毛其淋和许家云（2017）做法删除了企业名称中包含“贸易”“外经”“进出口”“经贸”“科贸”等字样贸易中间商；最后又参考黄先海等（2016b）做法，删除了年度中间品进口额高于企业中间品投入额的企业，避免间接中间品进口对研究的影响。

表 5 - 1 报告了变量的描述性统计特征。

表 5 - 1　　主要变量的描述性统计特征

变量	含义	均值	标准差	最小值	最大值	观察值
μ	企业加成率	1.21	0.15	0.78	1.64	130000

---

① 根据所能获得的数据年份及计算核心变量的需要，本章使用 2000 ~ 2006 年海关贸易数据。中国自 2001 年 12 月加入世界贸易组织（WTO）后，为全面履行“入世”承诺，在 2002 ~ 2005 年期间大幅度削减中间品进口关税率，从 2005 年之后平均进口关税率基本保持不变。因此，使用 2000 ~ 2006 年企业中间品进口数据能够很好地揭示中间品贸易自由化与企业加成率的关系，这也是目前国内实证研究企业中间品进口与加成率问题的通常做法。

② 根据联合国 BEC 分类，111、121、21、22、31、322、42 和 53 项下产品为中间品。

续表

变量	含义	均值	标准差	最小值	最大值	观察值
τ^{input}	企业中间品进口关税	0.04	0.05	0.00	0.25	130000
outputtariff	企业最终品进口关税	0.10	0.06	0.00	0.40	130000
tfp	企业生产率	2.76	1.13	-0.79	6.30	130000
process	加工贸易企业	0.83	0.38	0.00	1.00	130000
export	出口企业	0.77	0.42	0.00	1.00	130000
size	企业规模	10.78	1.38	8.22	15.23	130000
capital	企业资本劳动比	3.91	1.41	0.01	7.50	130000
debit	企业融资约束	0.54	0.27	0.01	1.54	130000
wage	企业平均工资	18.47	15.27	1.55	114.10	130000

5.1.2　基准回归结果

表5-2汇报了中间品贸易自由化对企业加成率影响的基准回归结果。其中第（1）和第（2）列是使用混合最小二乘法（POLS）回归结果，随后经过豪斯曼（Hausman）检验适合使用固定效应模型[①]，并进一步控制年份固定效应进行双向固定效应（FE）回归[②]，结果报告在第（3）和第（4）列。两种回归方法的结果基本保持一致，企业中间品进口关税估计系数均在1%水平上显著为负，说明中间品贸易自由化显著提高了企业加成率。其中，加入所有控制变量的第（4）列FE回归结果显示，企业中间品进口关税每下降10个百分点，企业加成率将提高0.17%，这初步验证了第3章理论分析结论。

---

① 经沃德（Wald）检验发现存在强烈的个体效应，更适合使用个体效应模型；豪斯曼（Hausman）检验则强烈拒绝了“随机效应”的原假设，故选择固定效应模型。

② 固定效应模型中加入年度虚拟变量，联合显著性检验强烈拒绝了“无时间效应”的原假设，因此应在固定效应模型中包括时间效应，即使用双向固定效应模型（陈强，2014）。下文使用计量模型（5-1）进行回归均是使用双向固定效应予以估计。

表 5-2　中间品贸易自由化对企业加成率影响的基准回归结果

解释变量	POLS	POLS	FE	FE
	(1)	(2)	(3)	(4)
τ^{input}	-0.090*** (0.008)	-0.035*** (0.008)	-0.047*** (0.006)	-0.017*** (0.005)
outputtariff		-0.196*** (0.008)		0.018*** (0.006)
tfp		0.053*** (0.001)		0.028*** (0.001)
process		-0.038*** (0.001)		-0.035*** (0.001)
export		-0.037*** (0.001)		-0.005*** (0.001)
size		-0.004*** (0.000)		0.062*** (0.001)
capital		-0.001 (0.000)		0.007*** (0.001)
debit		0.017*** (0.001)		0.006*** (0.002)
wage		0.002*** (0.000)		0.001*** (0.000)
常数项	1.215*** (0.000)	1.153*** (0.004)	1.193*** (0.001)	0.449*** (0.011)
企业固定效应	否	否	是	是
年份固定效应	否	否	是	是
观测值	133414	128135	133414	128135
R^2	0.010	0.275	0.051	0.423

注：表中 ***、**、* 分别表示在 1%、5% 和 10% 水平上显著，括号中的值是稳健标准误。

控制变量中，企业最终品进口关税（outputtariff）的估计系数显著为正，说明最终品贸易自由化会通过加剧市场竞争降低企业加成率，与预期相符。企业生产率（tfp）的估计系数显著为正，说明企业生产率越高越有利于提高企业加成率，与预期相符。加工贸易企业虚拟变量（process）的估计系数显著为负，说明从事加工贸易的企业加成率较低，与预期相符。出口企业虚拟变量（export）的估计系数显著为负，说明出口企业加成率较低，与预期相符。企业规模（size）的估计系数显著为正，与预期相符，规模越大的企业不但拥有越强的市场势力，对投入要素的议价能力强，还可以发挥规模经济作用进一步降低企业成本，企业加成率越高，故企业规模对提高企业加成率越具有显著促进作用。企业资本劳动比（capital）的估计系数显著为正，说明资本密集型企业拥有更充足的资金进行技术研发和设备更新，从而相比劳动密集型企业具有更高的加成率。企业融资约束（debit）的估计系数显著为正，与预期相反，说明融资约束提高了企业加成率，一种可能的原因是样本企业为国有企业及年销售收入为5000万元以上非国有企业，比中小企业融资能力强，资金使用成本小，因此更有意愿和能力“举债”进行产品研发创新、购买先进机器设备提高企业生产率，对企业加成率产生正向影响。企业平均工资（wage）的估计系数显著为正但系数较小，说明较高的平均工资有利于提高企业加成率，但提高作用有限，原因可能是高工资反映了较高的员工技能，转化为较高的生产率和较强的产品研发能力，这虽然超过了对企业成本的影响，提高了企业加成率，但劳动力成本对企业加成率的负向影响仍不容忽视。

5.1.3 内生性分析

虽然在基准回归中本书试图加入所有可能影响企业加成率的因素，并且在计算企业中间品进口关税时通过固定贸易权重缓解中间品进口份额和进口关税相互作用导致的内生性，但检验仍然可能受到内生性问题的影响。余淼杰（2010）指出，一些竞争能力弱、加成率低的行业不断游说政府，采取有利于行业保护的关税政策。为了降低这类反向因果关系导致的内生性问题，本书以中国加入WTO为自然实验进行倍差法检验。

根据中国贸易政策，加工贸易中间品进口免进口关税，所以加工贸易企业不受中间品进口关税下降的影响，而一般贸易企业受中间品进口关税下降的影响。因此，将加工贸易企业作为对照组，一般贸易企业作为处理组，定义分组虚拟变量$treat_{it}=\{0, 1\}$，$treat_{it}=0$ 表示企业 i 第 t 年为加工贸易企业，处于对照组；$treat_{it}=1$ 表示企业 i 第 t 年为一般贸易企业，处于处理组。同时设定时间虚拟变量$wto_{it}=\{0, 1\}$，$wto_{it}=0$ 表示企业处于 2000 年和 2001 年，$wto_{it}=1$ 表示企业处于 2001 年以后。令 $\Delta\mu_i^1$ 表示企业受进口关税下降影响时两个时期加成率的变化，令$\Delta\mu_i^0$表示企业不受进口关税下降影响时两个时期加成率的变化，则 $E(\Delta\mu_i^1-\Delta\mu_i^0 \mid treat_i=1)$就是本书要考察的中间品进口关税下降对企业加成率的影响，可以表示为处理组企业的平均处理效应，即：

$$\begin{aligned}\Delta\mu_i &= E(\Delta\mu_i^1-\Delta\mu_i^0 \mid treat_i=1)\\ &= E(\Delta\mu_i^1 \mid treat_i=1)-E(\Delta\mu_i^0 \mid treat_i=1)\end{aligned} \tag{5-5}$$

但式（5-5）中，$E(\Delta\mu_i^0 \mid treat_i=1)$表示一般贸易企业没有经历进口关税下降时企业加成率的变化，这是“反事实”的，无法直接观测到。如果企业从事一般贸易或加工贸易是随机的，可以用可观测的$E(\Delta\mu_i^0 \mid treat_i=0)$代替不可观测的 $E(\Delta\mu_i^0 \mid treat_i=1)$；但如果企业从事一般贸易和加工贸易是非随机，用$E(\Delta\mu_i^0 \mid treat_i=0)$代替$E(\Delta\mu_i^0 \mid treat_i=1)$，就产生了样本选择偏误。而根据余林徽（Linhui Yu，2015）等的研究，生产率低、市场势力弱的企业有从事加工贸易的自我选择效应，为了消除该选择偏误，本书先使用匹配法从对照组中寻找加工贸易企业，使对照组企业和处理组企业从事一般贸易的概率接近。

假定匹配后与一般贸易企业相匹配的加工贸易企业集合是 $\Lambda(i)$，则 $E(\Delta\mu_i^0 \mid treat_i=0, i\in\Lambda(i))$可以作为 $E(\Delta\mu_i^0 \mid treat_i=1)$较好的替代，因此，式（5-5）转化为：

$$\begin{aligned}\Delta\mu_i &= E(\Delta\mu_i^1-\Delta\mu_i^0 \mid treat_i=1)\\ &= E(\Delta\mu_i^1 \mid treat_i=1)-E(\Delta\mu_i^0 \mid treat_i=0, i\in\Lambda(i))\end{aligned} \tag{5-6}$$

更进一步，根据式（5-6）设定倍差法模型：

$$\mu_{it}=\alpha_0+\alpha_1 treat_{it}+\alpha_2 wto_{it}+\alpha_3 treat_{it}\times wto_{it}+\beta X_{it}+v_i+v_t+\varepsilon_{it} \tag{5-7}$$

其中，下标 i 和 t 分别表示企业和年份，被解释变量 μ_{it}表示企业 i 第 t 年的加成率，$treat_{it}$表示分组虚拟变量，wto_{it}表示时间虚拟变量。交叉项$treat_{it}\times wto_{it}$的系数 α_3 就是重点关注的倍差法估计量，反映了处理组的政策效应，真正度量了中间品贸易自由化对企业加成率的影响，如

果 $\alpha_3>0$，说明与对照组企业相比加入WTO后处理组企业的加成率正向增长，即中间品贸易自由化提高了企业 α_3 个单位的加成率。X_{it} 表示控制变量，v_i 和 v_t 分别表示企业固定效应和时间固定效应，ε_{it} 表示扰动项。

控制变量 X_{it} 集合为：

$$X_{it}=\gamma_1 outputtariff_{it}+\gamma_2 tfp_{it}+\gamma_3 process_{it}+\gamma_4 export_{it}+\gamma_5 size_{it}+\gamma_6 capital_{it}+\gamma_7 debit_{it}+\gamma_8 wage_{it} \quad (5-8)$$

其中，$outputtariff_{it}$ 表示企业最终品进口关税，tfp_{it} 表示企业生产率，$process_{it}$ 表示加工贸易企业虚拟变量，$export_{it}$ 表示出口企业虚拟变量，$size_{it}$ 表示企业规模，$capital_{it}$ 表示企业资本劳动比，$debit_{it}$ 表示企业融资约束，$wage_{it}$ 表示企业平均工资。各个控制变量的设定方法与前文相同，在此不再赘述。

本书采用罗森鲍姆和鲁宾（Rosenbaum and Rubin，1983）提出的倾向得分匹配法对两组企业进行匹配。企业从事一般贸易的概率表示为：

$$P=\Pr\{treat=1\}=\Phi\{Z_{it-1}\} \quad (5-9)$$

其中，P是企业从事一般贸易进口的概率，Φ(·)是正态累计分布函数，Z_{it-1} 表示匹配变量，即影响企业从事一般贸易的因素，具体使用了企业的生产率（tfp）、平均工资（wage）、资本劳动比（capital）、年龄（age）、规模（size）、融资约束（debit）及出口企业虚拟变量（export）。根据式（5-9）可以计算出每个企业从事一般贸易的概率，倾向得分匹配就是在两组间配对该概率值相近的企业。具体配对中本书采用贝克和希诺（Becker and Ichino，2002）、勒文和斯安斯（Leuven and Sianesi，2003）提出的最近邻居匹配法，进行一对一匹配。

为保证匹配的可靠性，本书做了匹配平衡性检验。如果该条件满足，那么给定企业从事一般贸易概率P，企业实际是否从事一般贸易与其特征向量是互相独立的，就样本数据而言，就是要求处理组企业和对照组企业在匹配后不能存在显著差异。本书从两方面做了平衡性检验。首先，考察了匹配前后变量的标准偏差，匹配后标准偏差的绝对值越小，说明匹配效果越好；其次，考察了匹配前后处理组和对照组变量均值是否相等，如果满足平衡检验，匹配后的t检验应该是不显著的。表5-3报告了检验结果，从标准偏差来看，匹配后各变量的绝对值均小于2%，且匹配后的标准偏差比匹配前平均减少了大约84.20%，说明本书选取的匹配方法和匹配变量是有效的；从 t 统计量来看，所有变量均在 5% 水平上不显著，说明匹配后变量的均值差异已经不明显。由此可以说明本书的匹配结果是可靠的。经过匹配，为样本中 35389 家处理组企业找到了与其相匹配的对照组企业。

表 5-3　　匹配平衡性检验

变量	匹配阶段	平均值		标准偏差（%）	标准偏差减少幅度（%）	t 检验	
		处理组	对照组			t 值	p 值
tfp	匹配前	2.85	2.74	8.80	95.70	12.18	0.00
	匹配后	2.85	2.85	0.40		0.38	0.71
export	匹配前	0.54	0.83	-63.40	99.00	-93.52	0.00
	匹配后	0.54	0.55	-0.70		-0.60	0.55
age	匹配前	11.09	8.90	19.80	92.40	30.11	0.00
	匹配后	11.09	11.26	-1.50		-1.29	0.20
size	匹配前	10.75	10.79	-2.80	32.70	-3.68	0.00
	匹配后	10.75	10.78	-1.90		-1.91	0.06
capital	匹配前	4.14	3.83	22.60	92.40	29.36	0.00
	匹配后	4.14	4.16	-1.70		-1.78	0.08
debit	匹配前	0.56	0.53	9.40	92.60	12.44	0.00
	匹配后	0.56	0.56	-0.70		-0.68	0.50
wage	匹配前	19.72	18.49	6.30	84.60	8.45	0.00
	匹配后	19.72	19.91	-1.00		-0.99	0.32

本书使用匹配后的样本对倍差法计量模型（5-7）进行回归，结果报告见表 5-4 第（1）和第（2）列，从回归结果看，无论是否加入控制变量，倍差回归系数均在 1% 显著水平上为正，说明中间品贸易自由化明显促进企业加成率的提升，与基准回归结果一致。为了稳健起见，本书又使用未经过倾向得分匹配的样本企业，重新利用倍差法计量模型（5-7）进行回归，结果报告见表 5-4 第（3）和第（4）列，从回归结果看，倍差估计系数在 1% 水平上显著为正，说明使用倍差法进行内生性分析的结果是稳健可靠的。

表5-4 倍差法回归结果

解释变量	PSM + DID		DID	
	(1)	(2)	(3)	(4)
treat × wto	0.012 *** (0.003)	0.010 *** (0.003)	0.014 *** (0.002)	0.011 *** (0.002)
treat	0.025 *** (0.003)	0.027 *** (0.003)	0.020 *** (0.002)	0.026 *** (0.002)
wto	0.027 *** (0.002)	0.005 ** (0.002)	0.019 *** (0.001)	0.002 *** (0.001)
outputtariff		-0.002 (0.011)		0.008 (0.006)
tfp		0.028 *** (0.001)		0.027 *** (0.001)
export		-0.001 (0.002)		-0.005 *** (0.001)
size		0.059 *** (0.002)		0.063 *** (0.001)
capital		0.005 ** (0.002)		0.007 *** (0.001)
debit		0.009 * (0.004)		0.006 *** (0.002)
wage		0.001 *** (0.000)		0.001 *** (0.000)
常数项	1.197 *** (0.002)	0.462 *** (0.025)	1.192 *** (0.001)	0.409 *** (0.010)
企业固定效应	是	是	是	是
年份固定效应	是	是	是	是
观测值	35389	35361	133538	128194
R^2	0.058	0.416	0.031	0.422

注：表中 ***、**、* 分别表示在1%、5%和10%水平上显著，括号中的值是稳健标准误。

为保证倍差法回归结果的有效性，需要考察中间品贸易自由化政策实施前处理组和对照组是否满足同趋势假设，即在政策实施前处理组和对照组企业加成率具有相同的变化趋势，只有满足同趋势假设，使用倍差法回归才是有效的。通过观察样本期内处理组和对照组企业加成率变化趋势（见图5－1），看到政策实施（2001年）前两组企业加成率变化趋势基本相同，说明满足倍差法回归的同趋势假设。

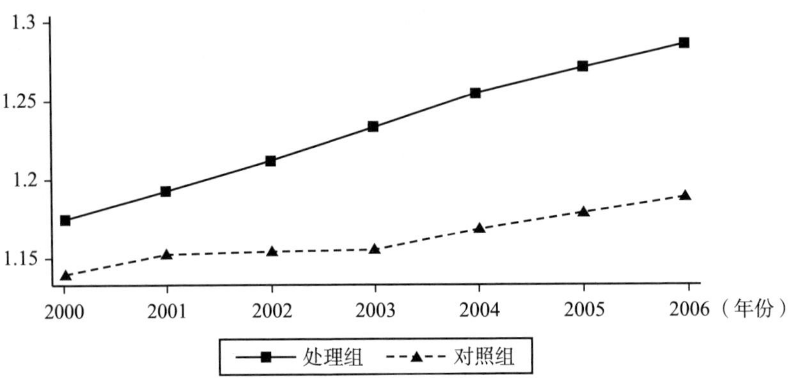

图5－1　中间品贸易自由化政策实施前后企业加成率变化趋势

资料来源：根据计算结果绘得。

5.1.4　稳健性检验

1. 稳健性检验Ⅰ：改变企业加成率的度量方法

基准回归使用的企业加成率是基于德勒克和沃辛斯基（De Loecker and Warzynski）方法计算得到的 μ_{it}^{DLW}，本书再以爱德蒙（Edmond）方法计算得到的 μ_{it}^{edmond} 和会计方法计算得到的 μ_{it}^{ac} 分别作为因变量重新对计量模型（5－1）进行回归，结果分别报告见表5－5的第（1）与第（2）列。从回归结果看，中间品进口关税的估计系数显著为负，与基准估计结果一致，说明中间品贸易自由化显著提高了企业加成率，该结论不受企业加成率度量方法的影响，是稳健可靠的。进一步比较发现，以 μ_{it}^{edmond} 作为因变量得到的估计系数与基准回归结果非常相似，而以 μ_{it}^{ac} 作为因变量得到的估计系数比前两种方法的结果大很多，可能因为德勒克和沃辛斯基（De Loecker and Warzynski）方法和爱德蒙（Edmond）方法都是通过估计生产函数和产出弹性计算企业加成率，均在不同程度上克服了估计偏差，而会计法不考虑外部冲击及内部变量间的互相联系，可能存在一定的估计偏差。

2. 稳健性检验Ⅱ：改变企业中间品进口关税的度量方法

基准回归中使用的企业中间品进口关税是采用固定权重计算的，即使用企业在样本期初始年份的中间品进口额构建了中间品份额权重。本书再参考田巍和余淼杰（2014）、毛其淋和许家云（2017）做法采用变化权重计算企业中间品进口关税，即使用企业当年中间品进口额构建中间品份额权重，按照式（5－10）重新计算了企业中间品进口关税。

$$\tau_{it}^{input} = \sum_{p \in \hat{\Omega}_{it}} \left(\frac{m_{ipt}}{\sum_{p \in \Omega_{it}} m_{ipt}} \right) \cdot \tau_{pt} \tag{5-10}$$

其中，Ω_{it}表示企业 i 第 t 年进口产品集合，$\hat{\Omega}_{it}$表示企业 i 第 t 年非加工贸易进口的产品集合，m_{ipt}表示企业 i 产品 p 在第 t 年的进口额，τ_{pt}表示产品 p 第 t 年进口关税率。

本书使用新计算的企业中间品进口关税重新对计量模型（5－1）进行回归，结果报告见表 5－5 第（3）列。从回归结果看，企业中间品进口关税的估计系数显著为负，与基准回归结果一致；从估计系数的绝对值来看，相比基准估计结果略有上升。这说明中间品贸易自由化有利于促进企业加成率的提升，该结论不受企业中间品进口关税度量方法的影响，是稳健可靠的。

3. 稳健性检验Ⅲ：排除其他政策因素影响

中国在 2005 年实施了汇率制度改革，此后人民币汇率持续升值，国内企业的贸易环境发了重大变化，企业经营环境进入一个新阶段。考虑到汇率改革对企业绩效的影响（盛丹和刘竹青，2017），本书删除了 2005 年和 2006 年的企业数据（余淼杰和袁东，2016；祝树金等，2018），重新对计量模型（5－1）进行回归，结果报告见表 5－5 第（4）列。结果显示中间品进口关税的估计系数显著为负，即中间品贸易自由化有利于促进企业加成率的提升，该结论不受经济周期的影响，是稳健可靠的。

表 5-5 稳健性检验结果

解释变量	稳健性检验 I		稳健性检验 II	稳健性检验 III
	(1)	(2)	(3)	(4)
τ^{input}	-0.016 *** (0.005)	-0.159 ** (0.064)	-0.020 *** (0.006)	-0.026 *** (0.006)
outputtariff	0.017 ** (0.007)	0.011 (0.043)	0.018 *** (0.006)	0.025 *** (0.006)
tfp	0.025 *** (0.001)	0.268 *** (0.007)	0.028 *** (0.001)	0.025 *** (0.001)
process	-0.036 *** (0.001)	-0.015 * (0.009)	-0.035 *** (0.001)	-0.034 *** (0.001)
export	-0.005 *** (0.001)	-0.000 (0.008)	-0.005 *** (0.001)	-0.008 *** (0.001)
size	0.068 *** (0.001)	-0.069 *** (0.007)	0.063 *** (0.001)	0.066 *** (0.001)
capital	0.013 *** (0.001)	0.020 *** (0.007)	0.007 *** (0.001)	0.012 *** (0.001)
debit	0.005 *** (0.002)	-0.031 ** (0.013)	0.006 *** (0.002)	0.005 * (0.003)
wage	0.001 *** (0.000)	-0.003 *** (0.000)	0.001 *** (0.000)	0.001 *** (0.000)
常数项	0.543 *** (0.011)	1.229 *** (0.066)	0.447 *** (0.011)	0.391 *** (0.015)
企业固定效应	是	是	是	是
年份固定效应	是	是	是	是
观测值	128135	128135	126245	80009
R^2	0.436	0.089	0.423	0.398

注：表中 ***、**、* 分别表示在 1%、5% 和 10% 水平上显著，括号中的值是稳健标准误。

5.1.5 分位数回归

基准回归、内生性和稳健性检验都一致表明中间品贸易自由化显著提高了企业加成率，但这些检验都是考察解释变量中间品进口关税（τ^{input}）对被解释变量企业加成率（μ）条件期望($E(\mu \mid \tau^{input})$的影响，是均值意义的回归。本书进一步研究中间品贸易自由化对企业加成率整个条件分布($\mu \mid \tau^{input}$)的影响，如果条件分布是不对称的，那么条件期望将不能准确刻画整个条件分布的全部情况，仅是刻画条件分布集中趋势的一个指标而已。为此，本书继续引入分位数回归，对条件分布在若干重要分位数上分别进行回归，考察中间品贸易自由化对企业加成率整个条件分布影响的全貌。本书选取具有代表性的三个分位数（25%、50%、75%）对计量模型（5－1）进行回归，检验不同分位数上中间品贸易自由化影响企业加成率的边际效应差异，结果报告见表5－6。

表5－6　　　　分位数回归结果

解释变量	25%	50%	75%
	(1)	(2)	(3)
τ^{input}	－0.021 ** (0.010)	－0.009 (0.008)	0.000 (0.009)
outputtariff	－0.232 *** (0.009)	－0.214 *** (0.008)	－0.183 *** (0.007)
tfp	0.055 *** (0.001)	0.056 *** (0.001)	0.055 *** (0.001)
process	－0.037 *** (0.001)	－0.048 *** (0.001)	－0.053 *** (0.001)
export	－0.034 *** (0.001)	－0.033 *** (0.001)	－0.032 *** (0.001)
size	－0.013 *** (0.000)	0.000 (0.000)	0.012 *** (0.000)
capital	－0.001 *** (0.000)	－0.001 *** (0.000)	－0.001 *** (0.000)
debit	0.014 *** (0.002)	0.022 *** (0.002)	0.030 *** (0.002)
wage	0.002 *** (0.000)	0.002 *** (0.000)	0.002 *** (0.000)

续表

解释变量	25%	50%	75%
	(1)	(2)	(3)
常数项	1.163*** (0.004)	1.111*** (0.004)	1.057*** (0.004)
企业固定效应	是	是	是
年份固定效应	是	是	是
观测值	128135	128135	128135
Pseudo R^2	0.137	0.174	0.210

注：表中 ***、**、* 分别表示在 1%、5% 和 10% 水平上显著，括号中的值是稳健标准误。

从表 5-6 中回归结果可以看出，随着分位数增加，中间品进口关税估计系数的显著性水平和绝对值均呈现降低趋势：在加成率 25% 的分位数上，中间品进口关税系数在 5% 水平显著为负，说明中间品贸易自由化对低分位数企业加成率具有显著提高作用，且估计系数的绝对值较大，中间品进口关税每下降 10%，加成率提高 0.21%；在加成率中位数上，中间品进口关税系数为负，但不显著，说明中间品贸易自由化对该部分企业加成率虽然有提高作用，但作用并不明显，加之估计系数绝对值很小，说明提高作用非常有限；在加成率 75% 的分位数上，中间品进口关税系数绝对值近乎为零，说明中间品贸易自由化对高分位数企业加成率没有提高作用。这表明，中间品贸易自由化对企业加成率的条件分布是不对称的，对低加成率企业的影响大于对中间及高加成率企业的影响，中间品贸易自由化的最大受益者是低加成率企业。

5.1.6 分组回归

中间品贸易自由化对企业加成率的影响是否会因为企业异质性而有所差异？基于对此问题的探讨，本书根据企业从事的贸易方式、企业所有制类型、企业生产率水平、企业中间品进口密度及企业所在行业的市场集中度将样本企业进行分组回归。

1. 按企业从事的贸易方式分组

加工贸易在中国对外贸易中占比较高，国家为了鼓励加工贸易发展，对其进口的中间品给予免税待遇，而且加工贸易“两头在外”的特征使其在生产技术和产品定价等方面也与一般贸易不同。虽然基准回归中本书通过加入加工贸易企业虚拟变量已经发现从事加工贸易的企业加成率较低，但仍然疑惑加工贸易的特殊性是否也会作用于中间品贸易自由化对企业加成率的影响？考虑到样本中有大量企业同时从事一般贸易和加工贸易，本书将样本企业分为只从事一般贸易的“纯一般贸易企业”，只从事加工贸易的“纯加工贸易企业”和同时从事一般贸易和加工贸易的“混合贸易企业”三类企业①，对计量模型（5－1）进行分组回归，结果报告见表5－7第（1）（2）和（3）列。从回归结果可以看出，三组企业的中间品进口关税估计系数均为负，估计系数绝对值由大到小依次为纯一般贸易企业、混合贸易企业和纯加工贸易企业，其中纯加工贸易企业的回归系数不显著。这意味着中间品贸易自由化对完全从事一般贸易的企业加成率具有明显提高作用且提高幅度最大；对同时从事一般贸易和加工贸易的混合企业加成率虽然也有明显的提高作用，但提高幅度相对较小；对完全从事加工贸易的企业加成率则没有明显提高作用。原因可能在于，中国给予加工贸易中间品进口税收减免，因此从事加工贸易的企业受中间品进口关税下降的作用较小，加工贸易弱化了中间品贸易自由化对企业加成率的提高作用，这种弱化作用随着企业从事加工贸易的比例增加而增大，这与余淼杰和袁东（2016）的研究结论一致。

① 根据2012年海关总署报告的16种特定类型的加工贸易，凡是企业从事以下方式贸易均认为企业从事加工贸易：国家间国际组织无偿援助和赠送的物资、补偿贸易、来料加工贸易、进料加工贸易、寄售代销贸易、边境小额贸易、对外承包工程出口货物、租赁贸易、出料加工贸易、易货贸易、保税仓库进出境货物、保税区仓储转口货物、其他境外捐赠物资、免税外汇商品、出口加工区进口设备、外商投资企业作为投资进口的设备物品。考虑到样本中有大量企业同时从事一般贸易和加工贸易，本书将样本企业分为只从事一般贸易的“纯一般贸易企业”，只从事加工贸易的“纯加工贸易企业”和同时从事一般贸易和加工贸易的“混合贸易企业”三类企业。

表 5－7　　分组回归结果 I

解释变量	按企业从事的贸易方式分组			按企业所有制类型分组		
	纯一般贸易企业	纯加工贸易企业	混合贸易企业	国有企业	民营企业	外资企业
	（1）	（2）	（3）	（4）	（5）	（6）
τ^{input}	－0.038 * （0.022）	－0.009 （0.017）	－0.017 ** （0.008）	－0.061 ** （0.025）	－0.022 * （0.013）	－0.002 （0.006）
outputtariff	－0.015 （0.020）	0.009 （0.012）	0.016 （0.011）	0.016 （0.015）	0.031 ** （0.015）	0.003 （0.007）
tfp	0.027 *** （0.002）	0.028 *** （0.001）	0.026 *** （0.001）	0.012 *** （0.004）	0.035 *** （0.002）	0.026 *** （0.001）
process	—	—	—	－0.033 *** （0.003）	－0.033 *** （0.002）	－0.036 *** （0.001）
export	－0.007 *** （0.002）	－0.005 ** （0.002）	－0.003 ** （0.001）	－0.013 ** （0.006）	－0.007 *** （0.002）	－0.004 *** （0.001）
size	0.061 *** （0.003）	0.073 *** （0.002）	0.056 *** （0.002）	0.063 *** （0.008）	0.050 *** （0.003）	0.065 *** （0.001）
capital	0.002 （0.003）	0.005 *** （0.001）	0.012 *** （0.001）	0.021 ** （0.009）	0.000 （0.003）	0.007 *** （0.001）
debit	0.006 （0.005）	0.004 * （0.002）	0.007 * （0.004）	0.032 *** （0.011）	0.009 * （0.005）	0.005 ** （0.002）
wage	0.001 *** （0.000）	0.000 *** （0.000）	0.001 *** （0.000）	0.002 *** （0.000）	0.001 *** （0.000）	0.001 *** （0.000）
常数项	0.487 *** （0.034）	0.332 *** （0.016）	0.438 *** （0.017）	0.0750 （0.092）	0.546 *** （0.031）	0.443 *** （0.011）
企业固定效应	是	是	是	是	是	是
年份固定效应	是	是	是	是	是	是
观测值	21499	43309	63327	3259	23946	100930
R^2	0.420	0.462	0.387	0.610	0.394	0.431

注：表中 ***、**、* 分别表示在 1%、5% 和 10% 水平上显著，括号中的值是稳健标准误。

2. 按企业所有制类型分组

中国企业的经营绩效受企业所有制类型影响颇大，因此按照企业注册的所有制类型将样本分为国有企业、民营企业和外资企业[①]，对计量模型（5-1）进行分组回归，结果报告见表5-7第（4）（5）和（6）列。估计结果显示三组企业的中间品进口关税系数均为负，意味着中间品贸易自由化对三类企业加成率均有提高作用，但进一步比较发现，估计系数的显著性水平和绝对值有较大差异：从显著性水平方面看，国有企业和民营企业估计系数分别在5%和10%水平上显著，而外资企业回归系数不显著，说明中间品贸易自由化仅对中国本土企业成本加成具有显著提高作用，对外资企业加成率提高作用不明显；从估计系数绝对值大小看，从大到小依次为国有企业、民营企业和外资企业，从中看出中间品贸易自由化对国有企业加成率的提高作用更大。原因可能在于：一方面，外资企业从事加工贸易比重较大，而国有企业主要从事一般贸易[②]，根据上文已知加工贸易弱化了中间品进口关税下降对企业加成率的提高作用，导致中间品贸易自由化对外资企业加成率的影响不显著；另一方面，相比外资企业，国有企业与民营企业“入世”前在进口中间品获取渠道、采购价格和进口质量方面均处于劣势，“入世”后中间品进口关税降低，获取高质量、多种类进口中间品的渠道打开，中间品贸易自由化对这两类企业加成率具有显著的提高作用。

3. 按企业生产率水平分组

基准回归中虽然加入企业生产率作为控制变量得到显著为正的估计系数，但这仅说明企业的生产率越高，其加成率也更高，不能体现出不同生产率的企业在中间品贸易自由化冲击下加成率的变化。为深入检验贸易自由化对不同生产率企业加成率的异质性影响，本书依照企业全要素生产率中位数将样本企业分为高生产率企业和低生产率企业，对计量

① 借鉴聂辉华等（2012），本书将国有企业、国有联营企业、固有与集体联营企业、国有独资企业归为国有企业；将外商投资企业、港澳台投资企业归为外资企业；将集体企业、私营企业、其他类型企业归为民营企业。

② 根据本书样本数据计算外资企业加工贸易占加工贸易总额86%，国有企业加工贸易占比2%，民营企业加工贸易占比11%。

模型（5-1）进行分组回归，结果报告见表5-8第（1）和第（2）列。结果显示两组企业的中间品进口关税系数均显著为负，意味着中间品贸易自由化对两组企业加成率均有明显的提高作用；进一步比较发现，高生产率企业的估计系数无论是显著性水平还是绝对值都明显高于低生产率企业，说明中间品贸易自由化对高生产率企业加成率的影响程度高于低生产率企业。本书认为导致这一差距的原因可能是不同生产率水平的企业在面临中间品贸易自由化冲击时的反应不同：当中间品进口关税下降后，高生产率企业会自我选择进口种类更多、质量更高的中间品，提升企业最终产品质量（Kugler and Verhoogen，2008；Vogel and Wagner，2010），相应提高产品价格（Fan Haichao et al.，2015），进而提高了企业加成率；而低生产率企业并没有选择进行产品质量升级，仅是借助进口中间品成本下降，进一步降低产品价格，企业加成率提高幅度有限。全要素生产率（tfp）的估计系数在两组均显著为正，说明企业生产率有利于提高企业加成率，而且高生产率企业 tfp 的估计系数值更大，进一步说明生产率高的企业加成率也更大，这与第4章企业加成率的典型事实相符。

表5-8　　分组回归结果Ⅱ

解释变量	按生产率水平分组		按中间品进口密集度分组		按市场集中度分组	
	低	高	低	高	低	高
	(1)	(2)	(3)	(4)	(5)	(6)
τ^{input}	-0.014* (0.008)	-0.028*** (0.007)	-0.015* (0.009)	-0.026*** (0.008)	-0.003 (0.009)	-0.022*** (0.007)
outputtariff	0.009 (0.009)	0.020** (0.009)	0.024** (0.012)	0.016* (0.009)	0.025** (0.012)	0.017** (0.008)
tfp	0.016*** (0.001)	0.053*** (0.001)	0.028*** (0.001)	0.025*** (0.001)	0.028*** (0.001)	0.028*** (0.001)
process	-0.033*** (0.001)	-0.035*** (0.001)	-0.036*** (0.001)	-0.034*** (0.001)	-0.035*** (0.001)	-0.035*** (0.001)
export	-0.003** (0.001)	-0.005*** (0.001)	-0.006*** (0.001)	-0.004*** (0.001)	-0.004*** (0.001)	-0.005*** (0.001)

续表

解释变量	按生产率水平分组		按中间品进口密集度分组		按市场集中度分组	
	低	高	低	高	低	高
	(1)	(2)	(3)	(4)	(5)	(6)
size	0.067*** (0.001)	0.043*** (0.002)	0.059*** (0.001)	0.069*** (0.001)	0.067*** (0.001)	0.060*** (0.001)
capital	0.014*** (0.001)	0.003*** (0.001)	0.009*** (0.002)	0.006*** (0.001)	0.004*** (0.001)	0.010*** (0.001)
debit	0.006*** (0.002)	0.008*** (0.002)	0.007** (0.003)	0.003* (0.002)	0.003* (0.002)	0.008** (0.004)
wage	0.001*** (0.000)	0.000*** (0.000)	0.001*** (0.000)	0.001*** (0.000)	0.001*** (0.000)	0.001*** (0.000)
常数项	0.381*** (0.015)	0.589*** (0.016)	0.466*** (0.016)	0.405*** (0.014)	0.417*** (0.015)	0.454*** (0.016)
企业固定效应	是	是	是	是	是	是
年份固定效应	是	是	是	是	是	是
观测值	61969	66166	64298	63837	61888	66247
R^2	0.403	0.388	0.400	0.440	0.440	0.418

注：表中***、**、*分别表示在1%、5%和10%水平上显著，括号中的值是稳健标准误。

4. 按企业中间品进口密集度分组

根据第3章理论分析，中间品进口关税下降通过降低进口中间品国内价格，提高进口中间品质量、丰富进口中间品种类、提高与国产中间品互补性4条途径增加了企业进口成本节约收益。这使得我们自然直觉认为中间品进口多的企业从中间品贸易自由化中获益更大，即中间品进口关税下降对中间品进口较多的企业加成率提高作用更大。基于对此问题的考察，本书按照企业中间品进口密集度①中位数将企业分为中间品进口低密集度企业和中间品进口高密集度企业，对计量模型（5-1）

① 企业中间品进口密集度采用企业进口中间品与企业全部投入的中间品比值表示。

进行分组回归，结果报告在表 5－8 第（3）和第（4）列。结果显示两组企业的中间品进口关税系数均显著为负，意味着中间品贸易自由化对两类企业加成率均有明显的提高作用；进一步对比两组结果发现，高进口密集度企业估计系数的显著性水平更高、绝对值更大，说明中间品贸易自由化对进口密集度高的企业加成率提高作用更明显、幅度更大，与预期一致。本书认为这可能是因为中间品贸易自由化对不同进口密集度企业成本节约和生产率的影响差异所导致。中间品进口关税下降虽然降低了企业生产成本，但同时发生的最终品进口关税下降也加剧了国内市场竞争，企业产品价格有下降趋势。此时，中间品进口密集度高的企业一方面从中间品关税下降中获得较大幅度的进口成本节约；另一方面，企业进口的中间品质量相对更高、种类相对更多（Amiti and Konings，2007），在“质量机制”和“互补机制”的作用下进一步提高了企业生产率（Halpern et al.，2015）。因此，在进口成本降低和生产率提高两方面作用下，进口密集度较高的企业加成率提高幅度较大。而进口密集度低的企业无论是进口成本节约还是生产率提升幅度都较小，企业加成率提高幅度自然较小。由此可见，企业若想借贸易自由化的春风提高企业的盈利能力和动态竞争力，必须利用中间品贸易自由化的机遇进口数量更多、质量更高及种类更丰富的中间品，更大幅度降低生产成本、提高企业生产率水平，双管齐下才能更大幅度提高企业加成率。

5. 按企业所在行业的市场集中度分组

已有研究发现，行业的市场集中度决定了最终品进口关税下降对该行业企业加成率的影响方向（Konings et al.，2005；Altomonte and Barattieri，2007），为考察中间品进口关税下降对不同市场集中度行业的企业加成率影响，本书按照企业所在行业的市场集中度进行分组回归。本书使用赫芬达尔指数hhi_{jt}度量企业所在的行业市场集中度，$hhj_{jt} = \sum_{i=1}^{n}\left(\frac{sale_{ijt}}{\sum_{i=1}^{n} sale_{ijt}}\right)^2$，其中，$sale_{ijt}$表示 t 年行业 j 中企业 i 的销售收入，$hhi_{jt}$数值越大，表明该行业市场集中度越高，意味着该行业垄断程度越高。本书按照企业所在的 3 分位行业赫芬达尔指数中位数将企业分为高市场集中度行业的企业和低市场集中度行业的企业，对计量模型（5－1）进行分组回归，结果报告在表 5－8 第（5）和第（6）列。从回归结果可以看出，两组企业的中间品进口关税估计系数虽然均为负，但显著性水平和绝对值有较大差异：高市场集中度行业企业的中间品进口关税估计系数在1%水平上显著为负，且数值较大，说明中间品贸易自由化显著的大幅度提高了高市场集中度行业的企业加成率；而低市场集中度行业企业的中间品进口关税估计系数不仅不显著，且绝对值较低，说明中间品贸易自由化对低市场集中度行业的企业加成率提高作用不明显。原因可能在于市场集中度高意味着行业内企业多处于垄断地位，当中间品进口关税下降时，垄断企业有更充足的资金用于进口种类更丰富、质量更高的中间品，购买新技术和核心零部件，同时进行人员技术培训，企业加成率得到显著提高。

5.2　中间品贸易自由化与企业加成率：基于产品质量差异化程度考量

5.2.1　计量模型设定与变量选取

为检验产品质量差异化程度对中间品贸易自由化与企业加成率关系的影响，本书在计量模型（5－1）基础上引入产品质量差异化程度、产品质量差异化程度与中间品贸易自由化交互项，设定如下计量模型：

$$\mu_{it} = \alpha_0 + \alpha_1 \tau_{it}^{input} + \alpha_2 \tau_{it}^{input} \times diff_j + + \alpha_3 diff_j + \beta X_{it} + v_i + v_t + \varepsilon_{it} \tag{5-11}$$

其中，j、i和t分别表示行业、企业和年份；μ_{it}表示企业i第t年的加成率；τ_{it}^{input}表示中间品贸易自由化指标，使用企业中间品进口关税；$diff_j$ 表示产品质量差异化程度，使用4分位行业的产品质量差异化程度；$\tau_{it}^{input} \times diff_j$ 表示 τ_{it}^{input}和$diff_j$ 的交互项；X_{it}表示企业层面控制变量；v_i 和 v_t 分别表示企业固定效应和时间固定效应，ε_{it}表示扰动项。

控制变量 X_{it}集合为：

$$X_{it} = \gamma_1 outputtariff_{it} + \gamma_2 tfp_{it} + \gamma_3 process_{it} + \gamma_4 export_{it} + \gamma_5 size_{it} + \gamma_6 capital_{it} + \gamma_7 debit_{it} + \gamma_8 wage_{it} \tag{5-12}$$

其中，$outputtariff_{it}$表示企业最终品进口关税，tfp_{it}表示企业生产率，

$process_{it}$表示加工贸易企业虚拟变量，$export_{it}$表示出口企业虚拟变量，$size_{it}$表示企业规模，$capital_{it}$表示企业资本劳动比，$debit_{it}$表示企业融资约束，$wage_{it}$表示企业平均工资。各个控制变量的设定方法与前文相同，在此不再赘述。

计量模型（5－11）的核心变量，即企业加成率（μ_{it}）和企业中间品进口关税（τ_{it}^{input}）的计算方法已经在4.2节和5.1节详细说明，限于篇幅限制，这里不再赘述。下面对产品质量差异化程度（$diff_j$）的度量进行说明。本书借鉴库格勒和韦胡根（Kugler and Verhoogen，2012）的方法，构建了行业层面的产品质量差异化程度计算公式：

$$diff_j = \frac{1}{T}\sum_t (RD_{jt} + Adv_{jt}) / Sale_{jt} \tag{5-13}$$

其中，RD_{jt}为行业j第t年的研发支出，Adv_{jt}为行业j第t年的广告支出，$Sale_{jt}$为行业j第t年的销售收入，T为样本期年份之和。行业的研发支出与广告支出之和在行业销售收入中所占的比重越大，该行业的产品质量差异化程度越高。本书根据式（5－13）计算了4分位行业的产品质量差异化程度。

表5－9报告了变量的描述性统计特征。

表5－9　　主要变量的描述性统计特征

变量	含义	均值	标准差	最小值	最大值	观察值
μ	企业加成率	1.21	0.15	0.78	1.64	130000
τ^{input}	企业中间品进口关税	0.04	0.05	0.00	0.25	130000
diff	产品质量差异化程度	0.55	0.85	0.02	12.73	130000
outputtariff	企业最终品进口关税	0.10	0.06	0.00	0.40	130000
tfp	企业生产率	2.76	1.13	－0.79	6.30	130000
process	加工贸易企业	0.83	0.38	0.00	1.00	130000
export	出口企业	0.77	0.42	0.00	1.00	130000
size	企业规模	10.78	1.38	8.22	15.23	130000
capital	企业资本劳动比	3.91	1.41	0.01	7.50	130000
debit	企业融资约束	0.54	0.27	0.01	1.54	130000
wage	企业平均工资	18.47	15.27	1.55	114.10	130000

5.2.2　基准回归结果

表 5 – 10 报告了产品质量差异化程度对中间品贸易自由化与企业加成率关系影响的基准回归结果。其中第（1）和第（2）列是使用混合最小二乘法（POLS）对模型（5 – 12）回归的结果，随后经过豪斯曼（Hausman）检验适合使用固定效应模型①，并进一步控制年份固定效应使用双向固定效应（FE）对模型（5 – 12）回归②，结果报告见表 5 – 10 第（3）和第（4）列。

表 5 – 10　产品质量差异程度对中间品贸易自由化与企业加成率关系影响的基准回归结果

解释变量	POLS	POLS	FE	FE
	(1)	(2)	(3)	(4)
τ^{input}	–0.077 *** (0.010)	–0.075 *** (0.009)	–0.046 *** (0.007)	–0.016 ** (0.006)
$\tau^{input}\times diff$	–0.013 ** (0.008)	–0.011 ** (0.007)	–0.019 ** (0.006)	–0.010 ** (0.006)
diff	0.010 *** (0.001)	0.007 *** (0.001)	0.001 (0.001)	0.002 * (0.001)
outputtariff		–0.078 *** (0.007)		0.018 *** (0.006)
tfp		0.055 *** (0.001)		0.028 *** (0.001)
process		–0.035 *** (0.001)		–0.035 *** (0.001)

① 经沃德（Wald）检验发现存在强烈的个体效应，更适合使用个体效应模型；进一步豪斯曼（Hausman）检验则强烈拒绝了“随机效应”的原假设，故选择固定效应模型。

② 在固定效应模型中加入年度虚拟变量，联合显著性检验强烈拒绝了“无时间效应”的原假设，认为应在固定效应模型中包括时间效应，即使用双向固定效应模型估计。下文使用计量模型（5 – 11）进行回归均是使用双向固定效应予以估计。

续表

解释变量	POLS	POLS	FE	FE
	(1)	(2)	(3)	(4)
export		-0.037 *** (0.001)		-0.005 *** (0.001)
size		-0.006 *** (0.000)		0.062 *** (0.001)
capital		0.001 ** (0.000)		0.007 *** (0.001)
debit		0.018 *** (0.001)		0.006 *** (0.002)
wage		0.001 *** (0.000)		0.001 *** (0.000)
常数项	1.171 *** (0.001)	1.109 *** (0.004)	1.193 *** (0.001)	0.449 *** (0.011)
企业固定效应	否	否	是	是
年份固定效应	否	否	是	是
观测值	133414	128135	133414	128135
R^2	0.029	0.290	0.052	0.423

注：表中 ***、**、* 分别表示在 1%、5% 和 10% 水平上显著，括号中的值是稳健标准误。

从表 5-10 的回归结果看出，两种回归方法的结果基本保持一致：中间品进口关税的估计系数均在 5% 水平上显著为负，说明中间品贸易自由化显著提高了企业加成率，与计量模型（5-1）回归结果一致；产品质量差异化程度与中间品进口关税交互项的估计系数显著为负，说明企业所在行业的质量差异化程度强化了中间品贸易自由化对企业加成率的提高作用，其中，加入所有控制变量的第（4）列 FE 回归结果显示，企业中间品进口关税每下降 10 个百分点，企业加成率将提高（0.16% +0.10% ×diff），这初步支持了前文的理论分析；产品质量差异化程度估计系数为正，但显著性水平较低，且绝对值较小，说明产品质量差异化程度有利于提高行业内企业加成率，但不明显。

控制变量估计系数的符号与显著性水平与计量模型（5-1）基准

回归结果（见表5-2）基本保持一致，仅绝对值略有下降。其中，企业最终品进口关税（outputtariff）的回归系数显著为正，即最终品贸易自由化降低了加成率；企业生产率（tfp）的回归系数显著为正，即企业生产率有利于提高企业加成率；加工贸易企业虚拟变量（process）的估计系数显著为负，即从事加工贸易的企业加成率较低；出口企业虚拟变量（export）的回归系数显著为负，即中国出口企业的加成率较低；企业规模（size）的回归系数显著为正，即企业规模对提高企业加成率具有显著促进作用；企业资本劳动比（capital）的回归系数显著为正，即企业资本比例有利于提高企业加成率；企业融资约束（debit）的回归系数显著为正，即融资约束提高了企业加成率；企业平均工资（wage）的回归系数显著为正，即较高的平均工资有利于提高企业加成率。

5.2.3 稳健性检验

1. 稳健性检验Ⅰ：改变企业加成率的度量方法

基准回归的企业加成率是基于德勒克和沃辛斯基（De Loecker and Warzynski）方法计算的 μ_{it}^{DLW}，本书再以爱德蒙（Edmond）方法计算的 μ_{it}^{edmond} 和用会计方法计算的 μ_{it}^{ac} 分别作为因变量对计量模型（5-11）进行回归，结果分别报告见表5-11第（1）和第（2）列。从回归结果看，核心解释变量 $\tau^{input}\times diff$ 的估计系数均显著为负，与基准回归结果一致，说明产品质量差异化程度强化了中间品贸易自由化对企业加成率的提高作用，该结论不受企业加成率度量方法的影响，是可靠的。

表5-11　　稳健性检验结果

解释变量	稳健性检验Ⅰ		稳健性检验Ⅱ	稳健性检验Ⅲ
	(1)	(2)	(3)	(4)
τ^{input}	-0.014** (0.007)	-0.154** (0.078)	-0.021*** (0.007)	-0.023*** (0.007)
$\tau^{input}\times diff$	-0.007** (0.006)	-0.015** (0.047)	-0.011** (0.006)	-0.014** (0.006)

续表

解释变量	稳健性检验Ⅰ		稳健性检验Ⅱ	稳健性检验Ⅲ
	(1)	(2)	(3)	(4)
diff	0.006* (0.001)	0.018*** (0.006)	0.002* (0.001)	0.002* (0.001)
outputtariff	0.017** (0.007)	0.013 (0.042)	0.018*** (0.006)	0.025*** (0.007)
tfp	0.025*** (0.001)	0.269*** (0.007)	0.028*** (0.001)	0.025*** (0.001)
process	-0.036*** (0.001)	-0.015* (0.009)	-0.035*** (0.001)	-0.034*** (0.001)
export	-0.005*** (0.001)	0.000 (0.008)	-0.005*** (0.001)	-0.008*** (0.001)
size	0.068*** (0.001)	-0.069*** (0.007)	0.063*** (0.001)	0.066*** (0.001)
capital	0.013*** (0.001)	0.021*** (0.007)	0.007*** (0.001)	0.012*** (0.001)
debit	0.005*** (0.002)	-0.030** (0.013)	0.006*** (0.002)	0.005* (0.003)
wage	0.001*** (0.000)	-0.003*** (0.000)	0.001*** (0.000)	0.001*** (0.000)
常数项	0.542*** (0.011)	1.221*** (0.066)	0.446*** (0.011)	0.390*** (0.015)
企业固定效应	是	是	是	是
年份固定效应	是	是	是	是
观测值	128135	128135	126245	80009
R^2	0.436	0.089	0.423	0.398

注：表中***、**、*分别表示在1%、5%和10%水平上显著，括号中的值是稳健标准误。

2. 稳健性检验Ⅱ：改变企业中间品进口关税的度量方法

基准回归中使用的企业中间品进口关税是采用固定权重计算的，本书再次使用式（5－10）按当年中间品进口额构建变化权重计算企业中间品进口关税，重新对计量模型（5－11）进行回归，结果报告见表5－11的第（3）列。从回归结果看，核心解释变量 $\tau^{input}\times diff$ 的估计系数均显著为负，与基准回归结果一致，说明产品质量差异化程度强化了中间品贸易自由化对企业加成率的提高作用，该结论不受企业进口关税度量方法的影响，是稳健可靠的。

3. 稳健性检验Ⅲ：排除其他政策因素影响

本书再次删除了2005年和2006年的企业数据，排除汇改政策后人民升值的影响重新对计量模型（5－11）进行回归，结果报告见表5－11的第（4）列。从回归结果看，核心解释变量 $\tau^{input}\times diff$ 的估计系数均显著为负，与基准回归结果一致，说明产品质量差异化程度强化了中间品贸易自由化对企业加成率的提高作用，该结论不受经济周期的影响，是稳健可靠的。

5.2.4 分组回归

1. 基于产品质量差异化程度的分组回归

第3章理论分析得出，相比产品质量差异化程度较小的同质行业，中间品贸易自由化对产品质量差异化程度较大的异质行业企业加成率提高作用更大。因此，在检验完产品质量差异化程度对中间品贸易自由化提高企业加成率具有正向影响基础上，本书进一步区分同质行业企业和异质行业企业，深入考察中间品贸易自由化对于这两类企业加成率的差异化影响。

首先，本书依据产品质量差异化程度（diff）的中位数，将高于中位数的行业称为异质行业，反之为同质行业，进而根据企业所在行业情况将样本企业分为同质行业企业和异质行业企业，使用计量模型（5－1）进行分组回归，结果报告见表5－12第（1）和第（2）列。根据结果，两类企业中间品进口关税的回归系数均显著为负，说明无论是同质行业企业或异质行业企业，中间品贸易自由化均显著提高了企业加成率，中间品贸易自由化对企业加成率的影响方向不因企业所在行业的产品质量差异化程度而发生变化。进一步比较发现：异质行业企业估计系数的显著性水平远高于同质行业企业，异质行业企业估计系数在1%水平上显著，而同质行业企业估计系数仅在10%水平上显著，说明中间品贸易自由化对异质行业企业加成率影响更为明显；异质行业企业估计系数绝对值远大于同质行业企业，达到同质行业企业的两倍，说明中间品贸易自由化对异质行业企业加成率的提升幅度确实远大于同质行业企业。该结果与宗慧隽和范爱军（2018）研究结论一致。异质行业内产品质量差异较大，企业会选择进口更多种类高质量的中间品，提高企业最终品质量（Kugler and Verhoogen，2008），与市场上现有同类产品的差异化程度增大，进而降低了产品实际需求价格弹性，相应的企业加成率也较高①，此外，中间品进口关税下降直接降低了企业生产成本，于是在成本降低和价格提高双重作用下，异质行业企业加成率得到更大幅度的提高。而同质行业企业受限于产品同质性属性，很难通过提高产品质量，降低价格弹性来提高加成率，只能从生产成本降低中获益，故加成率提高幅度较小。

控制变量估计系数的符号和显著性水平与计量模型（5－1）全样本基准回归结果（表5－2）相同，但两个行业估计系数的绝对值水平仍有差异。其中，异质行业企业最终品进口关税（outputtariff）的估计系数绝对值大于同质行业企业，说明最终品贸易自由化对异质行业企业加成率的降低幅度更大，可能的原因是中国异质行业内大部分是中小型民营企业，较低的市场份额和较低的利润使这些企业面临的进口产品竞争压力更大，企业不得不进一步下调加成率；异质行业企业生产率（tfp）的估计系数绝对值大于同质行业企业，说明异质行业企业生产率提升对企业加成率的提高作用更大，可能的原因是异质行业内产品质量差异大，生产率提升不但可以通过降低生产成本影响加成率，还可以凭借其较强的学习能力，从同行业及上下游产品中充分吸纳先进技术，促进了企业研发创新和产品质量升级，进而通过提高产品价格影响加成率；同质行业企业规模（size）的估计系数绝对值大于异质行业企业，说明企业规模对同质行业企业加成率的提高作用更大，可能的原因是相比中小型民营企业为主的异质行业，同质行业内以国有大企业为主（不

---

① 垄断竞争企业加成率与需求价格弹性关系式：$\mu=\frac{\sigma}{\sigma-1}$，其中 σ 是需求价格弹性。

乏垄断性国有企业），这些企业拥有较强的市场势力，对投入要素的议价能力强，要素使用成本相对较低；同质行业企业资本劳动比（capital）的估计系数绝对值大于异质行业企业，说明资本劳动比对同质行业企业加成率的提高作用更大，可能的原因是同质行业的国有大企业相对异质行业的中小型民营企业有更充足的资金进行技术研发和设备更新，从而加成率更高。

为保证结论的稳健性，本书还采用劳赫（Rauch，1999）产品差异化数据将企业分为同质产品企业和异质产品企业再次进行分组回归。劳赫（Rauch，1999）使用国际贸易标准分类（SITC/rev. 2）按照保守估计方法（con）和宽松估计方法（lib）将产品分为异质产品（N）、同质且在交易所交易的产品（W）、同质性且拥有指导价格的产品（R）。考虑到后两种产品本质上都属于同质产品，因此根据本书研究需要将这两种产品都归为同质产品。劳赫（Rauch，1999）产品分类使用的是4位码SITC/rev. 2数据，本书先利用联合国统计司提供HS6位编码[①]与SITC/rev. 2的转换表将HS6位编码与劳赫（Rauch，1999）产品分类数据匹配，再使用HS6位码将产品分类数据与企业产品数据逐年进行匹配。本书按照保守估计（con）和宽松估计（lib）分别得到同质产品企业和异质产品企业，进而使用计量模型（5－1）对两种分类方式下的企业进行分组回归，结果报告见表5－12第（3）~（6）列，其中第（3）和第（4）列是使用保守估计分类（con）分组回归得到的结果，第（5）和第（6）列是使用宽松估计分类（lib）分组回归得到的结果。从回归结果可以看出，无论采用保守估计分类（con）或是宽松估计分类（lib），两类企业中间品进口关税系数均为负，说明中间品进口关税下降对同质产品企业和异质产品企业的加成率都有提高作用；且两种分类方式下，异质产品企业估计系数的显著性和绝对值均大于同质产品企业，说明中间品贸易自由化对异质产品企业加成率的提高作用大于同质产品企业。值得注意的是，劳赫（Rauch，1999）两种分类方式下同质产品企业的估计系数均不显著，说明中间品贸易自由化对同质产品企业加成率没有明显的影响，这与按照产品质量差异化程度分组回归结果有差异，可能与劳赫（Rauch，1999）对产品分类的依据有关：库格勒和

---

① 根据联合国统计司提供的HS1996版本和HS2002版本的转换表，将HS产品数据统一为HS2002版本的6位码数据。

韦胡根（Kugler and Verhoogen，2012）曾指出，劳赫（Rauch，1999）对于同质产品和异质产品的分类主要体现了产品水平差异化程度，而不是严格的产品质量差异化程度①。因此，下文的分组回归仍然使用依据库格勒和韦胡根（Kugler and Verhoogen，2012）计算的产品质量差异化程度划分同质行业企业和异质行业企业。

表 5－12　　基于产品质量差异化程度的分组回归结果

解释变量	按 diff 分组		按 Rauch_con 分组		按 Rauch_lib 分组	
	同质 行业企业	异质 行业企业	同质 产品企业	异质 产品企业	同质 产品企业	异质 产品企业
	(1)	(2)	(3)	(4)	(5)	(6)
τ^{input}	-0.013* (0.007)	-0.027*** (0.008)	-0.006 (0.015)	-0.015** (0.007)	-0.010 (0.014)	-0.013* (0.007)
outputtariff	0.018** (0.009)	0.023** (0.010)	0.027 (0.017)	0.006 (0.008)	0.027* (0.014)	0.007 (0.009)
tfp	0.025*** (0.001)	0.034*** (0.001)	0.019*** (0.001)	0.029*** (0.001)	0.018*** (0.001)	0.030*** (0.001)
process	-0.034*** (0.001)	-0.035*** (0.001)	-0.036*** (0.002)	-0.036*** (0.001)	-0.036*** (0.002)	-0.035*** (0.001)
export	-0.006*** (0.001)	-0.004*** (0.001)	-0.001 (0.003)	-0.006*** (0.001)	-0.002 (0.003)	-0.006*** (0.001)
size	0.064*** (0.001)	0.059*** (0.002)	0.065*** (0.003)	0.061*** (0.001)	0.066*** (0.003)	0.061*** (0.001)
capital	0.009*** (0.001)	0.005*** (0.001)	0.017*** (0.003)	0.005*** (0.001)	0.017*** (0.003)	0.005*** (0.001)
debit	0.006*** (0.002)	0.006** (0.003)	0.013** (0.006)	0.006*** (0.002)	0.009 (0.006)	0.006*** (0.002)
wage	0.001*** (0.000)	0.001*** (0.000)	0.001*** (0.000)	0.001*** (0.000)	0.001*** (0.000)	0.001*** (0.000)

① 产品水平差异化程度侧重于反映消费者对不同产品的偏好差异，即“萝卜青菜，各有所爱”，不是指产品质量优劣的差异，因此并不是严格的产品质量差异化程度。

续表

解释变量	按 diff 分组		按 Rauch_con 分组		按 Rauch_lib 分组	
	同质行业企业	异质行业企业	同质产品企业	异质产品企业	同质产品企业	异质产品企业
	(1)	(2)	(3)	(4)	(5)	(6)
常数项	0.438*** (0.015)	0.464*** (0.015)	0.371*** (0.036)	0.461*** (0.012)	0.368*** (0.032)	0.462*** (0.013)
企业固定效应	是	是	是	是	是	是
年份固定效应	是	是	是	是	是	是
观测值	68208	59927	13299	95092	16567	91824
R^2	0.420	0.445	0.403	0.418	0.405	0.418

注：表中 ***、**、* 分别表示在 1%、5% 和 10% 水平上显著，括号中的值是稳健标准误。

2. 基于产品质量差异化程度分组的分位数回归

上文在均值意义上检验得出中间品贸易自由化对异质行业企业加成率的提高作用大于同质行业企业，为进一步考察对两类企业加成率整个条件分布影响的全貌，本书依旧选取具有代表性的 3 个分位数（25%、50%、75%），使用计量模型（5-1）分别对同质行业企业和异质行业企业进行分位数回归，结果报告如表 5-13 所示。

表 5-13　　基于产品质量差异化程度分组的分位数回归结果

解释变量	同质行业企业			异质行业企业		
	25%	50%	75%	25%	50%	75%
	(1)	(2)	(3)	(4)	(5)	(6)
τ^{input}	-0.011 (0.013)	0.009 (0.011)	0.030** (0.013)	-0.041*** (0.015)	-0.037*** (0.012)	-0.041*** (0.011)
outputtariff	-0.264*** (0.012)	-0.216*** (0.012)	-0.167*** (0.011)	-0.207*** (0.012)	-0.213*** (0.011)	-0.203*** (0.011)
tfp	0.065*** (0.001)	0.061*** (0.001)	0.058*** (0.001)	0.045*** (0.001)	0.050*** (0.001)	0.052*** (0.001)

续表

解释变量	同质行业企业			异质行业企业		
	25%	50%	75%	25%	50%	75%
	(1)	(2)	(3)	(4)	(5)	(6)
process	-0.041*** (0.002)	-0.051*** (0.002)	-0.054*** (0.002)	-0.036*** (0.002)	-0.046*** (0.002)	-0.051*** (0.002)
export	-0.028*** (0.002)	-0.028*** (0.001)	-0.029*** (0.001)	-0.038*** (0.002)	-0.039*** (0.001)	-0.036*** (0.001)
size	-0.014*** (0.001)	0.000 (0.001)	0.012*** (0.001)	-0.011*** (0.001)	0.000 (0.001)	0.011*** (0.001)
capital	0.001* (0.001)	0.000 (0.000)	-0.001** (0.000)	-0.005*** (0.001)	-0.003*** (0.001)	-0.002*** (0.001)
debit	0.023*** (0.003)	0.029*** (0.002)	0.037*** (0.002)	0.004 (0.003)	0.015*** (0.002)	0.023*** (0.002)
wage	0.002*** (0.000)	0.002*** (0.000)	0.002*** (0.000)	0.002*** (0.000)	0.002*** (0.000)	0.002*** (0.000)
常数项	1.146*** (0.006)	1.088*** (0.005)	1.038*** (0.006)	1.181*** (0.007)	1.134*** (0.006)	1.077*** (0.006)
企业固定效应	是	是	是	是	是	是
年份固定效应	是	是	是	是	是	是
观测值	68208	68208	68208	59927	59927	59927
Pseudo R^2	0.148	0.178	0.207	0.131	0.171	0.214

注：表中***、**、*分别表示在1%、5%和10%水平上显著，括号中的值是稳健标准误。

从表5-13结果看出，同质行业企业和异质行业企业分位数回归结果有明显差异。

对于同质行业企业，随着分位数增加，中间品进口关税估计系数的符号、显著性和绝对值均发生较大变化：在加成率25%的分位数上，进口关税回归系数为负但不显著，说明中间品贸易自由化对低分位数企业加成率具有提高作用，但作用不明显；在加成率中位数上，中间品进口关税估计系数为正，说明中间品贸易自由化对该部分企业加成率的提高有抑制作用，但不显著，且数值较小，说明抑制作用有限；在加成率

75% 的分位数上，进口关税回归系数显著为正，意味着中间品贸易自由化显著降低了高分位数企业的加成率。这表明，中间品贸易自由化对同质行业企业加成率的条件分布是不对称的，对高加成率企业的影响大于对中低加成率企业的影响。

对于异质行业企业，3 个分位数上中间品进口关税的估计系数均在 1% 水平上显著为负，意味着各个分位点上企业加成率都在中间品贸易自由化作用下得到显著提升。而且估计系数绝对值呈现“两头高、中间低”趋势，这表明中间品贸易自由化对异质行业企业加成率的条件分布是不对称的，对低加成率企业及高加成率企业的影响大于对中间企业的影响，异质行业内中间品贸易自由化的最大受益者是高加成率企业和低加成率企业。

3. 基于产品质量差异化程度分组的异质性企业研究

在 5.1.6 节，本书研究了中间品贸易自由化对异质性企业加成率的差异化影响，本节进一步根据产品质量差异化程度分组，深入考察中间品贸易自由化对异质性企业加成率的差异化作用。

（1）企业所有制异质性

基于同质行业企业和异质行业企业分类，进一步按照企业所有制类型分为本土企业[①]和外资企业，使用计量模型（5 - 1）进行分组回归，结果报告如表 5 - 14 所示。首先，注意到第（2）列中间品进口关税估计系数为正，说明中间品贸易自由化并非对两类行业中所有类型企业的加成率都具有提高作用，对同质行业的外资企业加成率就有降低作用，但并不显著。原因可能是“入世”后本土企业能更方便、更低廉地获得高质量进口中间品，进而依靠低价竞争策略与外资企业抢夺市场，在同质行业内产品质量差异较小，市场上产品竞争主要依靠价格优势，面对本土企业低价竞争，外资企业被迫降低产品价格及加成率；异质行业内因产品质量差异较大，外资企业应对本土企业低价竞争压力相对较小，导致外资企业加成率虽然没有降低，但也没有显著提高，这体现在第（4）列异质行业的外资企业中间品进口关税系数为负，但不显著。

① 按照企业注册类型将国有企业和民营企业统称为本土企业。

表 5-14 企业所有制异质性回归结果

解释变量	同质行业		异质行业	
	本土企业	外资企业	本土企业	外资企业
	(1)	(2)	(3)	(4)
τ^{input}	-0.040*** (0.015)	0.003 (0.008)	-0.060*** (0.020)	-0.012 (0.009)
outputtariff	0.032* (0.016)	0.007 (0.010)	0.041** (0.019)	0.011 (0.011)
tfp	0.029*** (0.002)	0.024*** (0.001)	0.040*** (0.003)	0.032*** (0.001)
process	-0.034*** (0.002)	-0.035*** (0.001)	-0.033*** (0.002)	-0.037*** (0.001)
export	-0.008*** (0.003)	-0.005*** (0.001)	-0.008** (0.004)	-0.003** (0.001)
size	0.054*** (0.004)	0.066*** (0.001)	0.045*** (0.004)	0.063*** (0.002)
capital	0.002 (0.003)	0.010*** (0.001)	-0.001 (0.004)	0.005*** (0.001)
debit	0.011 (0.007)	0.005** (0.002)	0.013* (0.007)	0.005 (0.004)
wage	0.001*** (0.000)	0.001*** (0.000)	0.001*** (0.000)	0.000*** (0.000)
常数项	0.488*** (0.042)	0.431*** (0.016)	0.516*** (0.043)	0.458*** (0.016)
企业固定效应	是	是	是	是
年份固定效应	是	是	是	是
观测值	13981	54227	13224	46703
R^2	0.384	0.430	0.448	0.453

注：表中 ***、**、* 分别表示在 1%、5% 和 10% 水平上显著，括号中的值是稳健标准误。

从表5－14中第（1）和第（3）列看出，本土企业在两类行业中间品进口关税系数都显著为负，且异质行业的估计系数绝对值更大，说明中间品贸易自由化对同质行业和异质行业的本土企业加成率都具有显著的提高作用，并且对异质行业的本土企业加成率提高幅度更大。原因可能因为异质行业内产品质量差异大，本土企业利用中间品贸易自由化机遇，通过进口高质量中间品，进行产品质量升级，提高产品价格，进一步提高企业加成率。

（2）企业生产率异质性

基于同质行业企业和异质行业企业分类，进一步按照企业生产率中位数分为低生产率企业和高生产率企业，使用计量模型（5－1）进行分组回归，结果报告见表5－15。从回归结果看出，其一，同一行业内两类企业对比，高生产率企业估计系数的显著性水平和绝对值均高于低生产率企业，说明中间品贸易自由化对高生产率企业加成率具有更为显著、幅度更大的提高作用，该差异性影响不因行业内产品质量差异化程度而发生变化；其二，同一类型企业两个行业间对比，异质行业企业估计系数的显著性水平和绝对值均大于同质行业企业，说明在企业生产率水平相同的情况下，中间品贸易自由化对异质行业企业加成率提高作用更大：其中对于低生产率企业，异质行业企业提高幅度是同质行业企业的近4倍；对于高生产率企业，异质行业企业提高幅度是同质行业企业的近2倍。原因在于异质行业企业不仅可以利用中间品贸易自由化降低企业生产成本，还因异质行业内产品质量差异程度大，企业进行产品质量升级的空间大，企业会进口高质量、多种类的中间品进行产品创新和质量升级（Kugler and Verhoogen，2008；Haichao Fan et al.，2015），产品实际需求价格弹性降低，企业可以维持较高的产品价格，于是在成本降低和价格提高双重作用下，异质行业企业加成率得到更大提高。相比，同质行业内产品质量差异程度很小，通过质量升级提高产品价格的途径无法实现，企业将生产率优势转化为低成本低价格，导致企业加成率较低，这与约翰逊（Johnson，2012），樊海潮和郭光远（2015）发现的同质产品条件下，企业出口价格与生产率负相关的研究结论相吻合。

表 5－15　　企业生产率异质性回归结果

解释变量	同质行业		异质行业	
	低生产率企业	高生产率企业	低生产率企业	高生产率企业
	(1)	(2)	(3)	(4)
τ^{input}	-0.005 (0.011)	-0.023** (0.009)	-0.021* (0.011)	-0.047*** (0.012)
outputtariff	0.004 (0.012)	0.019 (0.012)	0.017 (0.013)	0.025* (0.015)
tfp	0.014*** (0.001)	0.054*** (0.002)	0.021*** (0.001)	0.058*** (0.002)
process	-0.033*** (0.002)	-0.036*** (0.002)	-0.034*** (0.002)	-0.034*** (0.002)
export	-0.004** (0.002)	-0.006*** (0.002)	-0.001 (0.002)	-0.004** (0.002)
size	0.068*** (0.002)	0.044*** (0.002)	0.064*** (0.002)	0.039*** (0.002)
capital	0.014*** (0.002)	0.007*** (0.001)	0.014*** (0.002)	0.001 (0.002)
debit	0.004 (0.003)	0.006** (0.003)	0.007** (0.003)	0.012*** (0.003)
wage	0.001*** (0.000)	0.001*** (0.000)	0.001*** (0.000)	0.000*** (0.000)
常数项	0.380*** (0.021)	0.579*** (0.023)	0.386*** (0.022)	0.612*** (0.023)
企业固定效应	是	是	是	是
年份固定效应	是	是	是	是
观测值	35192	33016	26777	33150
R^2	0.389	0.390	0.429	0.411

注：表中***、**、*分别表示在1%、5%和10%水平上显著，括号中的值是稳健标准误。

（3）企业中间品进口密集度异质性

基于同质行业企业和异质行业企业分类，进一步按照企业中间品进口密集度中位数分为低进口密集度企业和高进口密集度企业，使用计量模型（5－1）进行分组回归，结果报告见表 5－16。

表 5－16　　企业中间品进口密集度异质性回归结果

解释变量	同质行业		异质行业	
	低进口密集度	高进口密集度	低进口密集度	高进口密集度
	(1)	(2)	(3)	(4)
τ^{input}	-0.007 (0.013)	-0.024*** (0.009)	-0.020* (0.012)	-0.033** (0.013)
outputtariff	0.012 (0.017)	0.024** (0.011)	0.044*** (0.017)	0.004 (0.015)
tfp	0.025*** (0.001)	0.023*** (0.001)	0.035*** (0.001)	0.031*** (0.002)
process	-0.041*** (0.002)	-0.034*** (0.002)	-0.034*** (0.002)	-0.034*** (0.002)
export	-0.007*** (0.002)	-0.004*** (0.002)	-0.005** (0.002)	-0.004* (0.002)
size	0.061*** (0.002)	0.069*** (0.002)	0.054*** (0.002)	0.068*** (0.002)
capital	0.012*** (0.002)	0.007*** (0.002)	0.007*** (0.002)	0.004** (0.002)
debit	0.010*** (0.004)	0.005* (0.003)	0.006 (0.005)	0.000 (0.003)
wage	0.001*** (0.000)	0.001*** (0.000)	0.001*** (0.000)	0.000*** (0.000)
常数项	0.448*** (0.027)	0.406*** (0.019)	0.491*** (0.021)	0.401*** (0.024)
企业固定效应	是	是	是	是
年份固定效应	是	是	是	是
观测值	29154	39054	35144	24783
R^2	0.407	0.434	0.419	0.463

注：表中 ***、**、* 分别表示在 1%、5% 和 10% 水平上显著，括号中的值是稳健标准误。

从表5-16回归结果看出，其一，同一行业内两类企业对比，高进口密集度企业估计系数的显著性水平和绝对值均大于低进口密集度企业，说明中间品贸易自由化对高进口密集度企业加成率具有更为显著、幅度更大的提高作用，该差异性影响不因行业内产品质量差异化程度而发生变化。其二，同一类型企业两个行业间对比，对于低进口密集度企业，同质行业企业估计系数不显著，异质行业企业估计系数在10%水平上显著，且异质行业企业估计系数绝对值是同质行业企业的近3倍，说明中间品贸易自由化只对异质行业的低进口密集度企业加成率具有明显提高作用，而对同质行业的低进口密集度企业加成率没有明显提高作用，原因可能是低进口密集度企业本身进口的中间品数量少，从关税下降中获得的成本节省有限，加之同质行业内产品同质属性限制，无法通过质量升级提高产品价格，加成率得不到明显提高；对于高进口密集度企业，异质行业企业估计系数绝对值大于同质行业企业，但显著性水平稍小于同质行业企业，说明中间品贸易自由化对两类行业的高进口密集度企业加成率都有提高作用，且对异质行业企业加成率提高幅度更大。

5.3 中间品贸易自由化影响企业加成率的机制检验

根据本书第3章理论分析，中间品贸易自由化在成本消减效应和质量升级效应作用下提高了企业加成率：其一，中间品贸易自由化通过降低进口中间品国内价格，提高进口中间品质量和种类（Goldberg et al.，2010；余淼杰和李乐融，2016），有利于增加企业成本节约收益、提高企业生产率（Amiti and Konings，2007；Halpern et al.，2015），这降低了企业边际成本，进而提高了企业加成率，本书称为成本消减效应；其二，中间品贸易自由化通过种类丰富、高质量的进口中间品在技术溢出效应作用下提高了企业研发创新能力，促进企业进行产品质量升级（Kugler and Verhoogen，2008；Shepherd and Stone，2012；Haichao Fan et al.，2015；田巍和余淼杰，2014），这降低了产品实际需求价格弹性，使企业可以制定较高的价格和加成率，本书称为质量升级效应。本节通过构建计量模型，进一步考察中间品贸易自由化通过成本消减效应和质量升级效应影响企业加成率的作用机制，以及产品质量差异化程度对作用机制的影响。

5.3.1 计量模型设定与变量选取

根据第3章理论分析，本书选择企业生产率（tfp）和企业产品质量（quality）分别作为成本消减效应和质量升级效应的渠道变量①，使用索贝尔（Sobel，1982）、巴伦和肯尼（Baron and Kenny，1986）的中介效应模型对这两个渠道进行检验。本书使用的中介效应模型共包含5个计量模型（M1－M5），M1用于考察中间品贸易自由化对企业加成率的影响；M2和M3用于边际成本渠道的中介效应检验，其中，M2用于检验中间品贸易自由化对中介渠道变量（tfp）的影响，M3用于检验中间品贸易自由化通过中介渠道变量（tfp）对企业加成率的影响；M4和M5用于产品质量渠道的中介效应检验，其中，M4用于检验中间品贸易自由化对中介渠道变量（quality）的影响，M5用于检验中间品贸易自由化通过中介渠道变量（quality）对企业加成率的影响。具体计量模型设定如下：

$$M1:\ \mu_{it} = \alpha_0 + \alpha_1 \tau_{it}^{input} + \beta X_{it} + v_i + v_t + \varepsilon_{it} \qquad (5-14)$$

$$M2:\ tfp_{it} = \alpha_0 + \alpha_1 \tau_{it}^{input} + \beta X_{it} + v_i + v_t + \varepsilon_{it} \qquad (5-15)$$

$$M3:\ \mu_{it} = \alpha_0 + \alpha_1 \tau_{it}^{input} + \alpha_2\, tfp_{it} + \beta X_{it} + v_i + v_t + \varepsilon_{it} \qquad (5-16)$$

$$M4:\ quality_{it} = \alpha_0 + \alpha_1 \tau_{it}^{input} + \beta X_{it} + v_i + v_t + \varepsilon_{it} \qquad (5-17)$$

$$M5:\ \mu_{it} = \alpha_0 + \alpha_1 \tau_{it}^{input} + \alpha_2 quality_{it} + \beta X_{it} + v_i + v_t + \varepsilon_{it} \qquad (5-18)$$

其中，下标i和t分别表示企业和年份；μ_{it}表示企业i第t年的加成率；τ_{it}^{input}表示中间品贸易自由化指标，使用企业中间品进口关税；tfp_{it}表示企业生产率；$quality_{it}$表示企业产品质量；X_{it}表示企业层面控制变量；v_i和v_t分别表示企业固定效应和时间固定效应，ε_{it}表示扰动项。

控制变量X_{it}的集合为：

---

① 以企业边际成本作为成本消减效应的渠道变量是最理想的，但限于数据和技术原因无法直接计算企业边际成本。通常情况下企业生产率与企业边际成本成反比关系，因此本书借鉴刘啟仁和黄建忠（2016）做法，以企业生产率作为企业边际成本的代理变量，进一步作为成本削减效应的渠道变量。

$$X_{it} = \gamma_1 outputtariff_{it} + \gamma_2 process_{it} + \gamma_3 export_{it} + \gamma_4 size_{it} + \gamma_5 capital_{it} + \gamma_6 debit_{it} + \gamma_7 wage_{it} \quad (5-19)$$

其中，$outputtariff_{it}$表示企业最终品进口关税，$process_{it}$表示加工贸易企业虚拟变量，$export_{it}$表示出口企业虚拟变量，$size_{it}$表示企业规模，$capital_{it}$表示企业资本劳动比，$debit_{it}$表示企业融资约束，$wage_{it}$表示企业平均工资。各个控制变量设定方法与前文相同，在此不再赘述。

中介效应模型的核心变量，即企业加成率（μ_{it}）、企业中间品进口关税（τ_{it}^{input}）和企业生产率（tfp_{it}）的计算方法已经在上文详细说明，限于篇幅限制，这里不再赘述。下面对企业产品质量（$quality_{it}$）的计算方法进行说明。

本书借鉴乔尔（Joel，2011）方法分三步计算企业产品质量（$quality_{it}$）。

首先，计算企业产品层面的质量。一般认为产品质量越高，对该产品的需求越大，因此企业 i 第 t 年对 c 国出口产品 h 的数量为：$q_{icht} = p_{icht}^{-\sigma}\lambda_{icht}^{-\sigma-1}\left(\frac{Y_{ct}}{P_{ct}}\right)$，其中 p_{icht}表示出口产品的价格，λ_{icht}表示出口产品的质量，σ 表示产品替代弹性，P_{ct}和 Y_{ct}分别表示进口国 c 第 t 年的价格指数和消费者支出额。对该式两边取对数得：

$$\ln q_{icht} = (\ln Y_{ct} - \ln P_{ct}) - \sigma \ln p_{icht} + (\sigma - 1)\ln\lambda_{icht} \quad (5-20)$$

由于式（5－20）回归残差项 $\varepsilon_{icht} = (\sigma - 1)\ln\lambda_{icht}$中包含出口产品质量，本书通过对式（5－20）回归，整理得到产品质量（$qual_{icht}$）：$qual_{icht} = \ln\hat{\lambda}_{icht} = \frac{\hat{\varepsilon}_{icht}}{\sigma - 1} = \frac{\ln q_{icht} - \ln\hat{q}_{icht}}{\sigma - 1}$。

其次，得到标准化的产品质量：$squal_{icht} = \frac{qual_{icht} - qual_{icht}^{min}}{qual_{icht}^{max} - qual_{icht}^{min}}$，其中，$qual_{icht}^{max}$和$qual_{icht}^{min}$表示企业 i 第 t 年对 c 国出口产品 h 质量的最大值与最小值。

最后，将产品层面质量加总为企业层面的产品质量（$quality_{it}$），公式为：

$$quality_{it} = \sum_{ch\in\Theta_{it}} \frac{value_{icht}}{\sum_{ch\in\Theta_{it}} value_{icht}} \times squal_{icht} \quad (5-21)$$

其中，Θ_{it}表示企业 i 第 t 年出口产品集合，$value_{icht}$表示企业 i 第 t

年对 c 国出口产品 h 的出口额。

表5-17报告了变量的描述性统计特征。

表5-17　主要变量的描述性统计特征

变量	含义	均值	标准差	最小值	最大值	观察值
μ	企业加成率	1.21	0.15	0.78	1.64	130000
τ^{input}	企业中间品进口关税	0.04	0.05	0.00	0.25	130000
tfp	企业生产率	2.76	1.13	-0.79	6.30	130000
quality	企业产品质量	0.550	0.170	0	1	130000
diff	产品质量差异化程度	0.55	0.85	0.02	12.73	130000
outputtariff	企业最终品进口关税	0.10	0.06	0.00	0.40	130000
process	加工贸易企业	0.83	0.38	0.00	1.00	130000
export	出口企业	0.77	0.42	0.00	1.00	130000
size	企业规模	10.78	1.38	8.22	15.23	130000
capital	企业资本劳动比	3.91	1.41	0.01	7.50	130000
debit	企业融资约束	0.54	0.27	0.01	1.54	130000
wage	企业平均工资	18.47	15.27	1.55	114.10	130000

5.3.2　全样本回归结果

根据巴伦和肯尼（Baron and Kenny，1986）对中介效应模型的研究，如果边际成本和产品质量在中间品贸易自由化影响企业加成率中起到中介渠道作用，则需要满足以下条件：首先，原因变量（中间品进口关税）需要在统计上显著影响结果变量（企业加成率）；其次，原因变量（中间品进口关税）需要在统计上显著影响中介渠道变量（生产率和产品质量）；最后，当加入中介渠道变量（生产率和产品质量）后，原因变量（中间品进口关税）对结果变量（企业加成率）的影响削弱甚至消失，意味着原因变量（中间品进口关税）对结果变量（企业加成率）的影响部分或者全部来自中介渠道变量（生产率与产品质量）。

表5－18汇报了全样本企业中介效应模型的回归结果①。第（1）列为模型M1的回归结果，中间品进口关税估计系数在1%水平显著为负。第（2）和（3）列为边际成本渠道的检验结果，第（2）列以生产率为被解释变量估计模型M2，中间品进口关税估计系数在1%水平显著为负，说明中间品进口关税下降提升了生产率，即降低了边际成本。第（3）列以企业加成率为被解释变量估计模型M3，生产率估计系数显著为正，说明生产率上升显著提高了企业加成率；中间品进口关税估计系数仍然显著为负，但绝对值由0.032[第(1)列值]下降到0.017，说明控制生产率代表的边际成本影响后，中间品进口关税对企业加成率的影响程度减弱。由此证明了边际成本是中间品贸易自由化影响企业加成率的一个渠道，中间品贸易自由化通过降低边际成本，提高了企业加成率。

表5－18第（4）和第（5）列为产品质量渠道的检验结果，第（4）列以产品质量为被解释变量估计模型M4，中间品进口关税估计系数在1%水平显著为负，说明中间品进口关税下降提升了产品质量。第（5）列以企业加成率为被解释变量估计模型M5，产品质量回归系数显著为正，说明产品质量升级显著提高了企业加成率；中间品进口关税估计系数仍然显著为负，但显著性水平降低，并且绝对值也由0.032［第（1）列值］下降到0.013，说明控制产品质量影响后，中间品进口关税对企业加成率的影响程度明显减弱。由此证明了产品质量是中间品贸易自由化影响企业加成率的另一个渠道，中间品贸易自由化通过提高产品质量，提高了企业加成率。

表5－18　中间品贸易自由化影响企业加成率的机制检验结果

解释变量		边际成本渠道		产品质量渠道	
	μ	tfp	μ	quality	μ
	(1)	(2)	(3)	(4)	(5)
τ^{input}	−0.032*** (0.006)	−0.107*** (0.022)	−0.017*** (0.005)	−0.019*** (0.003)	−0.013** (0.005)

① 与计量模型（5－1）一致，中介效应模型的5个计量模型（M1－M5）仍然使用双向固定效应予以估计。

续表

解释变量		边际成本渠道		产品质量渠道	
	μ	tfp	μ	quality	μ
	(1)	(2)	(3)	(4)	(5)
tfp			0.028 *** (0.001)		
quality					0.150 *** (0.004)
outputtariff	0.012 ** (0.006)	0.023 (0.061)	0.018 *** (0.006)	−0.002 (0.010)	0.019 *** (0.007)
process	−0.035 *** (0.001)	−0.021 ** (0.010)	−0.035 *** (0.001)	−0.003 * (0.002)	−0.035 *** (0.001)
export	−0.006 *** (0.001)	−0.063 *** (0.010)	−0.005 *** (0.001)	−0.008 *** (0.002)	−0.005 *** (0.001)
size	0.087 *** (0.001)	0.678 *** (0.008)	0.062 *** (0.001)	0.095 *** (0.001)	0.066 *** (0.001)
capital	0.002 * (0.001)	−0.037 *** (0.007)	0.007 *** (0.001)	−0.003 *** (0.001)	0.006 *** (0.001)
debit	0.003 * (0.002)	−0.119 *** (0.016)	0.006 *** (0.002)	−0.019 *** (0.003)	0.005 *** (0.002)
wage	0.001 *** (0.000)	0.005 *** (0.000)	0.001 *** (0.000)	0.000 *** (0.000)	0.001 *** (0.000)
常数项	0.306 *** (0.011)	−4.046 *** (0.084)	0.450 *** (0.011)	−0.462 *** (0.015)	0.418 *** (0.011)
企业固定效应	是	是	是	是	是
年份固定效应	是	是	是	是	是
观测值	133477	128194	128135	126323	126266
R^2	0.432	0.206	0.423	0.206	0.404

注：表中 ***、**、* 分别表示在 1%、5% 和 10% 水平上显著，括号中的值是稳健标准误。

至此，检验证明了边际成本和产品质量是中间品贸易自由化影响企业加成率的有效渠道，中间品贸易自由化通过成本消减效应和质量升级效应提高了企业加成率，与第 3 章理论分析结论一致。

5.3.3 基于产品质量差异化程度分组回归结果

在全样本机制检验基础上，进一步研究产品质量差异化程度对作用机制的影响，为此按照产品质量差异化程度将企业继续分为同质行业企业和异质行业企业分组使用中介效应模型进行机制检验，分别报告见表 5-19 和表 5-20。

表 5-19　中间品贸易自由化影响同质行业企业加成率的机制检验结果

解释变量		边际成本渠道		产品质量渠道	
	μ	tfp	μ	quality	μ
	(1)	(2)	(3)	(4)	(5)
τ^{input}	-0.026*** (0.007)	-0.088*** (0.027)	-0.013* (0.007)	-0.011* (0.005)	-0.020* (0.007)
tfp			0.025*** (0.001)		
quality					0.061* (0.006)
outputtariff	0.014 (0.010)	-0.081 (0.084)	0.018** (0.009)	-0.035** (0.014)	0.017* (0.009)
process	-0.034*** (0.001)	-0.002 (0.013)	-0.034*** (0.001)	-0.002 (0.002)	-0.035*** (0.001)
export	-0.006*** (0.001)	-0.055*** (0.013)	-0.006*** (0.001)	-0.005** (0.002)	-0.005*** (0.001)
size	0.087*** (0.002)	0.692*** (0.011)	0.064*** (0.001)	0.094*** (0.002)	0.065*** (0.001)
capital	0.001 (0.002)	-0.020** (0.010)	0.009*** (0.001)	0.000 (0.002)	0.008*** (0.001)
debit	0.003 (0.003)	-0.113*** (0.024)	0.006*** (0.002)	-0.015*** (0.004)	0.006*** (0.002)

续表

解释变量	μ	边际成本渠道		产品质量渠道	
		tfp	μ	quality	μ
	(1)	(2)	(3)	(4)	(5)
wage	0.001 *** (0.000)	0.004 *** (0.001)	0.001 *** (0.000)	0.000 *** (0.000)	0.001 *** (0.000)
常数项	0.298 *** (0.015)	-4.231 *** (0.111)	0.438 *** (0.015)	-0.459 *** (0.022)	0.420 *** (0.015)
企业固定效应	是	是	是	是	是
年份固定效应	是	是	是	是	是
观测值	71965	68239	68208	67155	67126
R^2	0.430	0.243	0.420	0.214	0.409

注：表中 ***、**、* 分别表示在1%、5%和10%水平上显著，括号中的值是稳健标准误。

表5-20　中间品贸易自由化影响异质行业企业加成率的机制检验结果

解释变量	μ	边际成本渠道		产品质量渠道	
		tfp	μ	quality	μ
	(1)	(2)	(3)	(4)	(5)
τ^{input}	-0.042 *** (0.008)	-0.137 *** (0.030)	-0.027 *** (0.008)	0.023 *** (0.005)	-0.025 *** (0.009)
tfp			0.029 *** (0.001)		
quality					0.192 *** (0.007)
outputtariff	0.009 (0.007)	0.025 (0.083)	0.023 ** (0.010)	0.018 (0.014)	0.025 ** (0.011)
process	-0.035 *** (0.001)	-0.028 ** (0.014)	-0.035 *** (0.001)	-0.002 (0.002)	-0.035 *** (0.001)
export	-0.006 *** (0.001)	-0.066 *** (0.014)	-0.004 *** (0.001)	-0.010 *** (0.002)	-0.006 *** (0.001)

续表

解释变量		边际成本渠道		产品质量渠道	
	μ	tfp	μ	quality	μ
	(1)	(2)	(3)	(4)	(5)
size	0.088*** (0.002)	0.680*** (0.012)	0.059*** (0.002)	0.098*** (0.002)	0.068*** (0.002)
capital	0.003** (0.001)	-0.048*** (0.009)	0.005*** (0.001)	-0.007*** (0.001)	0.004*** (0.001)
debit	0.004* (0.002)	-0.128*** (0.022)	0.006** (0.003)	-0.021*** (0.004)	0.004 (0.003)
wage	0.001*** (0.000)	0.006*** (0.000)	0.001*** (0.000)	0.001*** (0.000)	0.001*** (0.000)
常数项	0.299*** (0.015)	-4.032*** (0.126)	0.464*** (0.015)	-0.480*** (0.021)	0.400*** (0.016)
企业固定效应	是	是	是	是	是
年份固定效应	是	是	是	是	是
观测值	61512	59955	59927	59168	59140
R^2	0.448	0.193	0.445	0.207	0.409

注：表中 ***、**、* 分别表示在 1%、5% 和 10% 水平上显著，括号中的值是稳健标准误。

表 5-19 和表 5-20 分别报告了同质行业企业和异质行业企业中介效应模型的回归结果。表 5-19 和表 5-20 的第（1）列是对模型 M1 的分组回归结果，中间品进口关税估计系数均在 1% 水平显著为负，且异质行业企业估计系数绝对值大于同质行业企业，说明中间品贸易自由化对两类行业企业加成率均有提高作用，但异质行业企业加成率提高幅度更大，与前文研究结论一致。

表 5-19 和表 5-20 的第（2）和第（3）列是边际成本渠道的分组检验结果。第（2）列以生产率为被解释变量估计模型 M2，中间品进口关税估计系数均在 1% 水平显著为负，说明中间品进口关税下降对两类行业企业生产率均有明显提高作用。第（3）列以企业加成率为被解释变量估计模型 M3，生产率估计系数均显著为正，且两类行业企业生产率估计系数绝对值近似，说明两类行业企业生产率上升均显著提高

了企业加成率；中间品进口关税估计系数均显著为负，绝对值相对第（1）列下降，且下降幅度也近似[①]，说明控制生产率代表的边际成本影响后，中间品进口关税对两类行业企业加成率的影响程度同幅度减弱。由此证明了成本消减效应不受产品质量差异化程度的影响：无论同质行业企业或异质行业企业，边际成本都是中间品贸易自由化影响企业加成率的一个有效渠道，中间品贸易自由化通过降低企业边际成本，进而提高企业加成率。

表5－19和表5－20的第（4）和第（5）列是质量渠道的分组检验结果。第（4）列以产品质量为被解释变量估计模型M4，中间品进口关税估计系数均为负，但异质行业企业估计系数的显著性水平和绝对值都明显高于同质行业企业，具体而言，异质行业企业估计系数在1%水平上显著，绝对值为0.023，同质行业企业估计系数仅在10%水平上显著，绝对值仅为0.011，说明中间品进口关税下降对异质行业企业产品质量升级具有明显的促进作用，而对同质行业企业产品质量升级的影响较弱、较小。第（5）列以企业加成率为被解释变量估计模型M5，产品质量估计系数均为负，但异质行业企业估计系数的显著性水平和绝对值都明显高于同质行业企业，其中异质行业企业估计系数在1%水平上显著，绝对值为0.192，同质行业企业估计系数仅在10%水平上显著，绝对值仅为0.061，说明相对于同质行业企业，异质行业企业产品质量升级对提高企业加成率具有更明显、更大的影响作用。第（5）列中间品进口关税估计系数均显著为负，其中，异质行业企业估计系数绝对值相对第（1）列有明显下降，而同质行业企业估计系数绝对值相对于第（1）列仅略有下降，说明控制产品质量影响后，中间品进口关税对异质行业企业加成率的影响程度明显减弱，而对同质行业企业加成率的影响程度变化较小。由此证明了质量升级效应明显受到产品质量差异化程度的影响：对于异质行业企业，中间品贸易自由化对产品质量提升效应明显，进而通过产品质量升级提高了企业加成率；对于同质行业企业，中间品贸易自由化对产品质量提升效应较弱，进而通过产品质量升级提高企业加成率的正向作用也较小。这就意味着，产品质量渠道仅是

① 根据表5－19第（1）和第（3）列，加入企业生产率变量后，中间品进口关税估计系数绝对值下降0.026－0.013＝0.013；根据表5－20第（1）和第（3）列，加入企业生产率变量后，中间品进口关税估计系数绝对值下降0.042－0.027＝0.015。

中间品贸易自由化影响异质行业企业加成率的有效渠道，中间品贸易自由化在质量升级效应作用下较大幅度提高了异质行业企业加成率。

至此，检验得出了中间品贸易自由化对企业加成率的作用机制受产品质量差异化程度的影响：在产品质量差异化程度较小的同质行业，边际成本是中间品贸易自由化影响企业加成率的有效渠道，中间品贸易自由化通过成本削减效应提高了企业加成率；在产品质量差异化程度较大的异质行业，边际成本和产品质量均是中间品贸易自由化影响企业加成率的有效渠道，中间品贸易自由化通过成本消减效应和质量升级效应提高了企业加成率，在此双重效应的作用下，中间品贸易自由化对异质行业企业加成率的提高作用大于同质行业企业。与第 3 章理论分析结论一致。

5.4 本 章 小 结

本章基于第 3 章理论分析结论构建计量模型，使用中国制造业企业数据实证检验了中间品贸易自由化对企业加成率的影响和作用机制，以及产品质量差异化程度在其中所起的作用。计量方法的选择上，本章主要使用双向固定效应（FE）对计量模型予以估计，使用混合最小二乘法（POLS）回归作为参考，同时运用匹配倍差法（PSM－DID）对内生性问题予以分析。本章实证研究得到以下三方面主要结论：

第一，关于中间品贸易自由化对企业加成率的影响。全样本基准回归、内生性及稳健性检验均一致表明中间品贸易自由化对中国制造业企业加成率具有显著的提高作用。分位数回归发现对低分位数企业的加成率有明显提高作用，而对中位数和高分位数企业的加成率没有明显提高作用。更进一步分组回归发现中间品贸易化对企业加成率的影响效应具有明显的企业异质性：按企业从事的贸易方式考察，中间品贸易自由化对纯一般贸易企业和混合贸易企业加成率均有明显提高作用，而对纯加工贸易企业加成率没有明显提高作用；按企业所有制类型考察，中间品贸易自由化对国有企业和民营企业加成率具有显著的提高作用，而对外资企业加成率则没有明显提升作用；按企业生产率水平考察，中间品贸易自由化对高生产率企业和低生产率企业加成率均有明显提高作用，但相比之下对高生产率企业加成率提高作用更大；按企业中间品进口密集度考察，中间品贸易自由化对高进口密集度企业和低进口密集度企业加成率都有显著提高作用，但相比之下对高进口密集度企业加成率提高作用更大；按市场集中度考察，中间品贸易自由化对高集中度行业的加成率有显著的提高作用，但对低集中度行业加成率的影响不大。

第二，关于产品质量差异化程度对中间品贸易自由化与企业加成率关系的影响。本章首先在计量模型中引入产品质量差异化程度、产品质量差异化程度与中间品进口关税交互项，直接考察产品质量差异化程度在中间品贸易自由化与企业加成率关系中的作用，全样本基准回归和稳健性检验一致表明产品质量差异化程度强化了中间品贸易自由化对中国制造业企业加成率的提高作用。进一步根据产品质量差异化程度将企业分为同质行业企业和异质行业企业进行分组回归，发现中间品贸易自由化对异质行业企业加成率的提高作用大于同质行业企业。按照同质行业企业和异质行业企业分组进行分位数回归，发现对同质行业低分位数和中位数企业加成率没有显著影响，对高分位数企业加成率则有显著降低作用；对异质行业各个分位数企业加成率均有显著提高作用，且对低分位数企业和高分位数企业的影响大于对中间企业的影响。更进一步分组回归得出中间品贸易自由化对同质行业企业和异质行业企业加成率的影响效应具有明显的企业异质性：①按企业类型考察，发现中间品贸易自由化对同质行业的外资企业加成率有不显著的降低作用，对异质行业的外资企业加成率有不显著的提高作用；中间品贸易自由化对两类行业的本土企业加成率均有明显提高作用，但相比之下对异质行业本土企业影响效应更大。②按企业生产率水平考察，发现一方面相比低生产率企业，中间品贸易自由化对高生产率企业加成率的提高作用更大，该差异性影响不因产品质量差异化程度而发生变化；另一方面在生产率水平相同的情况下，中间品贸易自由化对异质行业加成率具有更显著、幅度更大的提高作用。③按企业中间品进口密集度考察，发现一方面相比低进口密集度企业，中间品贸易自由化对高进口密集度企业加成率的提高作用更大；另一方面同一类型企业两个行业间对比，对于低进口密集度企业，中间品贸易自由化只对异质行业企业加成率具有提高作用；对于高进口密集度企业，中间品贸易自由化虽然对两类行业企业加成率均有显著提高作用，但相比之下还是对异质行业企业提高作用更大。

第三，关于中间品贸易自由化影响企业加成率的作用机制。全样本机制检验发现边际成本和产品质量是中间品贸易自由化影响企业加成率的有效渠道，中间品贸易自由化在成本消减效应和质量升级效应作用下提高了企业加成率。进一步分组回归发现中间品贸易自由化对企业加成率的作用机制受产品质量差异化程度的影响：在产品质量差异化程度较小的同质行业，边际成本是中间品贸易自由化影响企业加成率的有效渠道，中间品贸易自由化通过成本消减效应提高了企业加成率；在产品质量差异化程度较大的异质行业，边际成本和产品质量均是中间品贸易自由化影响企业加成率的有效渠道，中间品贸易自由化通过成本消减效应和质量升级效应提高了企业加成率。

第6章　中间品贸易自由化对中国制造业企业加成率离散度影响的研究

在微观企业层面，企业加成率的高低反映了企业的盈利能力与动态竞争力；在中观行业层面，行业内企业加成率的离散度则反映了企业之间的资源配资效率。企业加成率离散度越小，意味着资源在各个企业间配置效率越高；反之，则越低。在第5章全面实证研究了中间品贸易自由化对企业加成率的影响及作用机制基础上，本章将研究视角转向考察中间品贸易自由化与企业加成率离散度的关系，先分析了中间品贸易自由化影响企业加成率离散度的作用机制，进一步根据理论分析构建计量模型，使用中国制造业企业数据，研究中间品贸易自由化对企业加成率离散度的影响及作用机制，以此探讨中间品贸易自由化对中国制造业资源配置效率的影响。

6.1　理论分析与假说

理想的完全竞争市场中，产品价格等于边际成本，企业加成率应该相等（Robinson，1934），此时资源达到最优配置效率（Lerner，1934）。但是现实中并不存在这样完全竞争的市场，在不完全竞争市场中，各个异质性企业内生制定了异质的加成率，并且企业加成率的异质性造成了企业间资源错配：低于平均加成率的行业或企业存在生产过度情况，而高于平均加成率的行业或企业存在生产不足（Epifania and Gancia，2011），此时资源配置效率取决于企业加成率的离散度，企业加成率离散度越小，意味着企业间收益差异越小，资源在企业之间的配置效率越高，反之，则越低（Peters，2011）。

理论上，中间品贸易自由化主要通过以下渠道影响企业加成率离散度（见图6－1）。

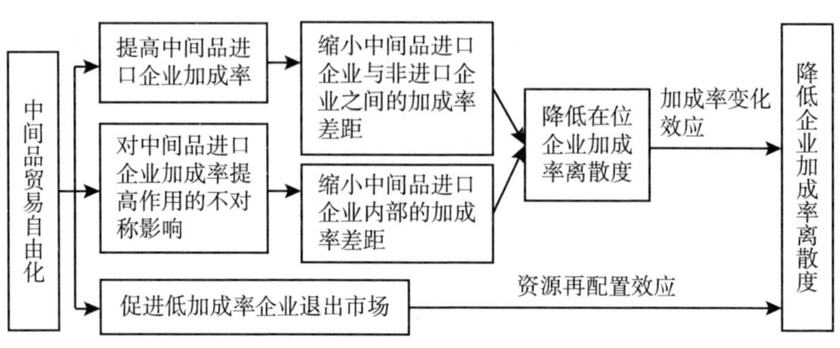

图6－1　中间品贸易自由化对企业加成率离散度的影响机制

首先，在位企业加成率变化是中间品贸易自由化影响企业加成率离散度的重要渠道。其一，中间品贸易自由化通过缩小中间品进口企业与非进口企业之间的加成率差距，降低了在位企业加成率离散度。已有研究（黄先海等，2016b）和本书第4章事实描述都表明，中国中间品进口企业加成率明显低于非中间品进口企业，第5章实证研究发现中间品贸易自由化显著提高了中间品进口企业加成率，这缩小了中间品进口企业与非进口企业之间的加成率差距，有助于降低加成率离散度。其二，中间品贸易自由化通过缩小中间品进口企业内部的加成率差距，降低了加成率离散度。第5章实证研究发现中间品贸易自由化虽然从均值意义上提高了中间品进口企业加成率，但对企业加成率的条件分布影响是不对称的，对低加成率企业的加成率具有显著的提高作用，而对中间和高加成率企业的加成率没有明显提高作用，这缩小了低加成率企业和高加成率企业之间的加成率差距，使中间品进口企业的加成率趋于一致，从而有助于降低在位企业加成率离散度。因此，通过缩小在位企业加成率差距，中间品贸易自由化直接降低了在位企业加成率离散度，本书称为“加成率变化效应”。

其次，低加成率企业退出市场是中间品贸易自由化影响企业加成率离散度的另一条重要渠道。以梅里兹（Melitz，2003）为代表的异质性企业贸易理论强调资源的再配置，认为贸易自由化不仅影响单个企业的效率，还将通过不同效率水平的企业进入及退出市场行为改变企业间的资源配置效率，尤其是企业退出市场是影响加成率离散度的重要方式（毛其淋和许家云，2016b）。具体而言，当低加成率的企业退出市场后，降低了企业加成率离散度，市场资源也将流向高加成率企业，提升了整体资源配置效率。因此，通过促进低加成率企业退出市场，中间品贸易自由化可以降低企业加成率离散度，本书称为“资源再配置效应”。

综合以上分析，本书提出以下假说：

假说1：中间品贸易自由化有利于降低企业加成率离散度，提高资源配置效率。

假说2：中间品贸易自由化通过在位企业加成率变化，缩小在位企业加成率差距，降低企业加成率离散度；中间品贸易自由化通过促进低加成率企业退出市场，提高了资源再配置效率，降低企业加成率离散度。

6.2 中间品贸易自由化对企业加成率离散度的影响

6.2.1 计量模型设定与变量选取

1. 计量模型设定

为检验中间品贸易自由化对企业加成率离散度的影响，本书设定如下计量模型：

$$\mu\_disp_{jt} = \alpha_0 + \alpha_1 \ inputduty_{jt} + \beta X_{jt} + v_j + \varepsilon_{jt} \tag{6-1}$$

其中，下标j和t分别表示3分位行业和年份；被解释变量μ_disp_{jt}表示第t年制造业行业j的企业加成率离散度的对数值，本书采用加成率泰勒指数（$theil_{jt}$）、加成率相对均值离差（rmd_{jt}）和加成率方差系数（cv_{jt}）3个指标计算了行业内部企业加成率离散度，在实证检验中主要使用加成率泰勒指数，另两个指标做稳健性检验；$inputduty_{jt}$表示中间品贸易自由化指标，使用行业j第t年中间品进口关税，系数α_1刻画了行业中间品进口关税对加成率离散度的影响，如果$\alpha_1>0$且显著，说明中间品进口关税下降降低了加成率离散度，即中间品贸易自由化有利于提高资源配置效率；X_{jt}表示行业层面控制变量；v_j 表示行业固定效应，ε_{jt}表示扰动项。

控制变量 X_{jt}的集合为：

$$X_{jt} = \gamma_1 outputduty_{jt} + \gamma_2 tfpdisp_{jt} + \gamma_3 agehy_{jt} + \gamma_4 hhi_{jt} + \gamma_5 kl_{jt} + \gamma_6 expopen_{jt} \quad (6-2)$$

其中，$outputduty_{jt}$表示行业最终品进口关税，$tfpdisp_{jt}$表示行业生产率离散度的对数值，$agehy_{jt}$表示行业平均企业年龄，hhi_{jt}表示行业市场集中度，kl_{jt}表示行业平均资本劳动比，$expopen_{jt}$表示行业出口开放度。

2. 变量选取与数据来源

计量模型（6－1）的核心变量，即企业加成率离散度（μ_disp_{jt}）3个指标的计算方法以及行业中间品进口关税（τ_{it}^{input}）的计算方法已经在第4章详细说明，限于篇幅限制，这里不再赘述。下面主要对控制变量的具体设定和预期符号说明如下：

（1）3分位行业最终品进口关税（outputduty），用以控制行业最终品进口关税对企业加成率离散度的影响，采用行业简单平均进口关税，其计算公式为：

$$outputduty_{jt} = \frac{\sum_{s \in \Theta_j} n_{st} \cdot \tau_{st}}{\sum_{s \in \Theta_j} n_{st}} \quad (6-3)$$

其中，s表示HS协调编码6位码产品，n_{st}表示第t年产品s的税目数，τ_{st}表示第t年产品s的进口关税率，Θ_j 表示行业j所有产品集合。一般而言，最终品进口关税下降会通过加剧市场竞争降低产品平均价格，缩小企业间产品价格分布，有利于降低企业加成率离散度（Lu Yi and Yu Linhui，2015），因此对该变量的预期符号为正。

（2）3分位行业生产率离散度（tfpdisp），用以控制行业内企业生产率离散度对企业加成率离散度的影响，采用企业生产率的泰勒指数表示，计算公式为：

$$tfpdisp_{jt} = \frac{1}{n_{jt}} \sum_{i=1}^{n_{jt}} \frac{y_{jit}}{\bar{y}_{jt}} \ln\left(\frac{y_{jit}}{\bar{y}_{jt}}\right) \quad (6-4)$$

其中，n_{jt}表示第t年行业j中的企业数目，y_{jit}表示第t年行业j中企业 i 的全要素生产率，$\bar{y}_{jt}$表示第 t 年行业 j 平均全要素生产率。现有研究发现生产率离散度下降有利于降低企业加成率离散度（刘竹青和盛丹，2017；耿伟和魏荣，2018），因此对该变量的预期符号为正。

（3）3 分位行业平均企业年龄（agehy），用以控制行业内企业年龄对企业加成率离散度的影响，先用当年年份与企业开业年份的差值计算各个企业年龄，再取行业内企业年龄的平均值得到。由于企业在不同年龄阶段的学习能力和规模经济不同，因此对该变量的预期符号不确定。

（4）3 分位行业市场集中度（hhi），用以控制市场集中度对企业加成率离散度的影响，市场集中度用赫芬达尔指数hhi_{jt}度量，其计算公式为：

$$hhi_{jt} = \sum_{i=1}^{n} (sale_{ijt} / \sum_{i=1}^{n} sale_{ijt})^2 \qquad (6-5)$$

其中，$sale_{ijt}$表示第 t 年行业 j 中企业 i 的销售收入，hhi_{jt}数值越大，表明行业市场集中度越高，这意味着该行业垄断程度越高，竞争程度越低，导致企业产品价格分布大，企业加成率离散度越高，因此对该变量的预期符号为正。

（5）3 分位行业平均资本劳动比（kl），用以控制行业要素禀赋对企业加成率离散度的影响，用平减①的行业固定资产合计与行业从业人数的比值表示，资本密集度高的行业进入成本高，行业内市场竞争程度低（刘啟仁和黄建忠，2015），企业产品价格分布大，企业加成率离散度越高，因此对该变量的预期符号为正。

（6）3 分位行业出口开放度（expopen），用以控制行业内企业出口情况对企业加成率离散度的影响，用行业出口额占行业销售额的比值表示。由于中国出口企业加成率明显低于非出口企业（盛丹和王永进，2012；祝树金和张鹏辉，2015；黄先海等，2016a），行业出口开放度越小说明行业内出口企业越少，出口比例越小，出口企业和非出口企业加成率趋于一致，有利于降低企业加成率离散度，因此对该变量的预期符号为正。

本章实证检验数据来自两个微观数据库。第一个是国家统计局 2000 ~ 2013 年的中国工业企业数据库②，该数据库是企业层面数据，提

---

① 本书平减处理中使用的平减指数来源勃兰特等（Brandt et al.，2012）的研究。

② 目前中国工业企业数据库官方公布的最新数据截至 2013 年，而中国自 2001 年加入世界贸易组织（WTO）后进行了深刻的中间品贸易自由化改革，因此本章使用 2000 ~ 2013 年数据展开研究。

供了计算企业加成率等企业层面变量的数据，本章按照第 4 章做法对该数据库进行处理：保留 2 分位行业代码为 13 ~ 42（不含 38）共 29 个制造业行业的企业予以研究，并删除数据中的异常值。第二个是世界银行与 WTO 网站的中国进口关税数据，本章按照第 4 章做法，将进口关税数据的统计口径统一为 HS2002 版本的 6 位码产品进口税率，并根据联合国 BEC 分类识别出中间品进口，用于计算中间品进口关税。

表 6 - 1 报告了变量的描述性统计特征。

表 6 - 1　　主要变量的描述性统计特征

变量	含义	均值	标准差	最小值	最大值	观察值
theil	行业加成率泰勒指数	0.01	0.01	0.00	0.16	2000
inputduty	行业中间品进口关税	0.09	0.05	0.02	0.38	2000
outputduty	行业最终品进口关税	0.12	0.09	0.00	0.65	2000
tfpdisp	行业生产率离散度	0.20	0.09	0.00	0.45	2100
agehy	行业平均企业年龄	12.46	0.17	1.00	88.50	2100
hhi	行业市场集中度	0.03	0.10	0.00	1.00	2100
kl	行业平均资本劳动比	4.22	0.14	0.28	34.85	2100
expopen	行业出口开放度	0.22	0.19	0.00	0.80	2100

6.2.2 基准回归结果

对计量模型（6 - 1）先使用混合最小二乘（POLS）予以估计，结果报告见表 6 - 2 第（1）和第（2）列；随后经过豪斯曼（Hausman）检验适合使用固定效应模型①，进一步使用固定效应（FE）予以估计，结果报告见表 6 - 2 第（3）和第（4）列。两种回归方法的结果基本保持一致，行业中间品进口关税估计系数均显著为正，说明中间品进口关税下降显著降低了企业加成率离散度。加入所有控制变量的第（4）列 FE 回归结果显示，行业中间品进口关税每下降 10 个百分点，企业加成

① 经沃德（Wald）检验发现存在强烈的个体效应，更适合使用个体效应模型；进一步豪斯曼（Hausman）检验则强烈拒绝了“随机效应”的原假设，故选择固定效应模型。下文使用计量模型（6 - 1）进行回归均是使用固定效应予以估计。

率离散度下降0.36%，初步验证了前文的理论假说。

表6-2 中间品贸易自由化对企业加成率离散度影响的基准回归结果

解释变量	POLS		FE	
	(1)	(2)	(3)	(4)
inputduty	0.0169*** (0.0020)	0.0120*** (0.0027)	0.0402*** (0.0045)	0.0359*** (0.0093)
outputduty		-0.0081*** (0.0019)		-0.0151* (0.0090)
tfpdisp		-0.5582** (0.2588)		-0.6092 (0.4926)
agehy		-0.0097** (0.0045)		0.0115** (0.0090)
hhi		0.0549 (0.4357)		0.0015 (0.2704)
kl		0.0200 (0.0137)		-0.0493* (0.0286)
expopen		-0.1035** (0.0478)		-0.1932 (0.1313)
常数项	-4.3700*** (0.0200)	-4.1911*** (0.0726)	-4.5498*** (0.0413)	-4.2764*** (0.1666)
行业固定效应	否	否	是	是
观测值	2013	2013	2013	2013
R^2	0.0206	0.4215	0.0835	0.5992

注：表中***、**、*分别表示在1%、5%和10%水平上显著，括号中的值是稳健标准误。

控制变量中，行业最终品进口关税（outputduty）估计系数显著为负，说明最终品贸易自由化提高了加成率离散度，与预期相反，可能的一种原因是最终品贸易自由化提高了本土企业和外资企业之间加成率的差距，具体而言，最终品进口关税下降通过加剧市场竞争降低企业加成率（Badinger，2007；Bellone，2012；De Loecker et al.，2016；钱学锋等，2016），但对本土企业和外资企业的影响程度不同，外资企业由于与国际市场联系紧密，在技术水平和国际市场营销方面均具有优势，因此受国内进口竞争压力相对较小，加成率下降幅度小（宗慧隽和范爱军，2018）。根据本书第4章事实描述，本土企业加成率小于外资企业，最终品进口关税下降又导致本土企业加成率下降幅度大于外资企业，两类企业之间加成率差距进一步扩大，导致企业加成率离散度提高。行业生产率离散度（tfpdisp）估计系数显著为负，说明行业生产率离散度下降提高了加成率离散度。行业平均企业年龄（agehy）估计系数在5%水平上显著为正，说明较低的行业平均企业年龄有利于降低行业内企业加成率离散度。行业市场集中度（hhi）估计系数为正但不显著，说明较低的市场集中度有利于降低行业内企业加成率离散度，与预期相符。行业平均资本劳动比（kl）估计系数为负，说明较高的行业平均资本劳动比降低了企业加成率离散度。行业出口开放度（expopen）估计系数为负，与预期相反，说明较低的行业出口开放度提高了行业内企业加成率离散度，但不显著。

6.2.3 内生性分析

虽然在基准回归中本书试图加入所有可能影响企业加成率离散度的因素，但仍可能会遗漏某些因素从而导致内生性问题；并且一些竞争力弱、加成率低的行业不断游说政府，采取有利于行业保护的关税政策（田巍和余淼杰，2014），这种反向因果关系亦会产生内生性问题。为了克服这些内生性问题，本书借鉴陆毅和余林徽（Yi Lu and Linhui Yu，2015）构造的自然实验思路，利用倍差法进行回归分析。

根据本书第4章对中国中间品贸易自由化的典型事实分析，2001年“入世”后各个行业中间品进口关税得到不同程度的削减，而且“入世”前关税水平和“入世”后关税削减幅度成正比，说明“入世”前中间品进口关税水平高的行业，同时也是“入世”后中间品进口关税下降大的行业。为此，本书进一步绘制了制造业行业“入世”前中间品进口关税水平与“入世”后中间品进口关税削减幅度的关系（见图6-2）。从图6-2可以直观看出两者确实成正比关系，也就是说“入世”前高关税行业的进口税率在2001年“入世”后得到大幅度削减，而“入世”前低关税行业的进口税率在2001年“入世”后没有进行大幅度削减，变化很小。

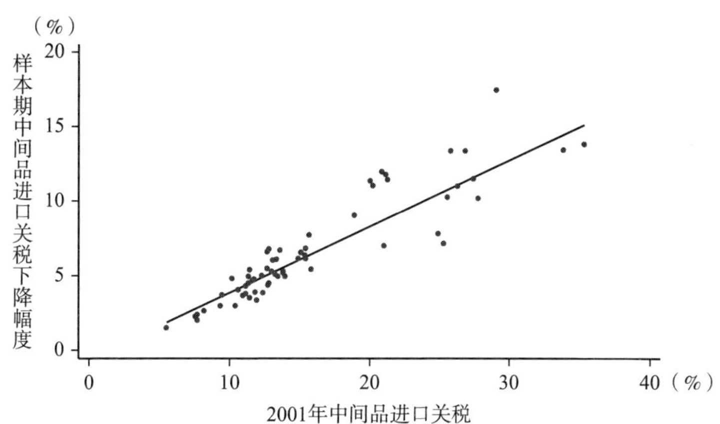

图6-2　"入世"前中间品进口关税水平与"入世"后中间品进口关税削减幅度的关系

资料来源：根据计算结果绘得。

据此，可以将中国加入WTO作为一次自然实验，将3分位制造业行业按照2001年行业中间品进口关税均值分为高关税行业和低关税行业。高关税行业的中间品进口税率在"入世"后得到大幅度削减，中间品贸易自由化水平高，作为处理组；低关税行业的中间品进口税率在"入世"后变化很小，中间品贸易自由化水平低，作为对照组。本书借鉴陆毅和余林徽（Yi Lu and Linhui Yu，2015）方法构造倍差法计量模型：

$$\mu\_disp_{jt} = \alpha_0 + \alpha_1 inputduty2001_j \times post02_t + \beta X_{jt} + v_j + \varepsilon_{jt} \qquad (6-6)$$

其中，下标j和t分别表示3分位行业和年份。被解释变量μ_disp_{jt}表示第t年行业j企业加成率离散度的对数值。$inputduty2001_j$表示行业j第2001年中间品进口关税，该值越高表示该行业"入世"后中间品进口关税削减幅度越大，中间品贸易自由化水平越高。$post02_t$表示时间虚拟变量，2001年之前（含2001年）取值为1，2001年之后取值为0。交互项$inputduty2001_j \times post02_t$的估计系数$\alpha_1$刻画了中间品贸易自由化对企业加成率离散度的影响：如果估计系数$\alpha_1 < 0$，则意味着"入世"后中间品贸易自由化水平高的行业加成率离散度下降幅度大，说明中间品贸易自由化降低了企业加成率离散度；反之，则说明中间品贸易自由化提高了企业加成率离散度。X_{jt}表示行业层面控制变量，v_j表示行业固定效应，ε_{jt}表示扰动项。

控制变量X_{jt}的集合为：

$$X_{jt} = \gamma_1 outputduty_{jt} + \gamma_2 tfpdisp_{jt} + \gamma_3 agehy_{jt} + \gamma_4 hhi_{jt} + \gamma_5 kl_{jt} + \gamma_6 expopen_{jt} \quad (6-7)$$

其中，$outputduty_{jt}$表示行业最终品进口关税，$tfpdisp_{jt}$表示行业生产率离散度的对数值，$agehy_{jt}$表示行业平均企业年龄，hhi_{jt}表示行业市场集中度，kl_{jt}表示行业平均资本劳动比，$expopen_{jt}$表示行业出口开放度。各个控制变量的设定方法与前文相同，在此不再赘述。

表6－3报告了倍差法回归结果。本书先使用加成率泰勒指数（theil）做因变量对计量模型（6－6）进行回归，结果报告见表6－3第（1）列。从回归结果看，交互项$inputduty2001_j \times post02_t$的估计系数$\alpha_1$显著为负，这说明中间品贸易自由化显著降低了行业内企业加成率离散度，与使用计量模型（6－1）基准回归结果一致。为稳健起见，本书又以加成率相对均值离差（rmd）和加成率方差系数（cv）2个指标作为因变量，再次使用倍差法计量模型（6－6）进行回归，结果分别报告见表6－3的第（2）和第（3）列。回归结果显示交互项$inputduty2001_j \times post02_t$的回归系数$\alpha_1$显著为负，这说明倍差法回归结果是稳健可靠的。

表6－3　倍差法回归结果

解释变量	倍差法（DID）			安慰剂检验	
	theil	rmd	cv	theil	theil
	(1)	(2)	(3)	(4)	(5)
inputduty2001 × post02	−0.8651** (0.3559)	−0.4807*** (0.1641)	−0.1032*** (0.0333)		
inputduty				0.0029 (0.0070)	0.0288* (0.0061)
outputduty	−0.0023* (0.0075)	−0.0031* (0.0036)	0.0052*** (0.0008)	−0.0103** (0.0049)	−0.0090** (0.0045)
tfpdisp	−1.1884** (0.5217)	−0.7558*** (0.2654)	−0.3266*** (0.0903)	0.3065 (0.9467)	−0.4151 (1.0510)
agehy	0.0097 (0.0096)	0.0035 (0.0053)	0.0011 (0.0010)	0.0130 (0.0197)	−0.0206 (0.0164)
hhi	−0.0770 (0.2333)	−0.0030 (0.1320)	0.0048 (0.0381)	−1.9902 (2.0065)	−1.0785 (2.2778)

续表

解释变量	倍差法（DID）			安慰剂检验	
	theil	rmd	cv	theil	theil
	(1)	(2)	(3)	(4)	(5)
kl	-0.0598** (0.0289)	-0.0309** (0.0155)	-0.0119*** (0.0037)	-0.0387 (0.0573)	0.0536 (0.0469)
expopen	-0.0644 (0.1268)	-0.0355 (0.0598)	0.0302 (0.0183)	-0.1664 (0.1653)	-0.2796 (0.1712)
常数项	-3.8540*** (0.2476)	-2.1319*** (0.1219)	-1.6557*** (0.0318)	-3.9367*** (0.2918)	-3.9915*** (0.2887)
行业固定效应	是	是	是	是	是
观测值	2013	2013	2017	294	294
R^2	0.2706	0.2946	0.4724	0.210	0.297

注：表中***、**、*分别表示在1%、5%和10%水平上显著，括号中的值是稳健标准误。

为保证倍差法回归结果的有效性，需要检验中间品贸易自由化政策实施前处理组和对照组是否满足同趋势假设，即在政策实施前处理组和对照组的加成率离散度具有相同的变化趋势，只有满足同趋势假设，使用倍差法回归才是有效的。通过观察样本期内处理组和对照组加成率离散度变化趋势（见图6-3），看到政策实施（2001年）前两组加成率离散度变化趋势基本相同，说明满足倍差法回归的同趋势假设。

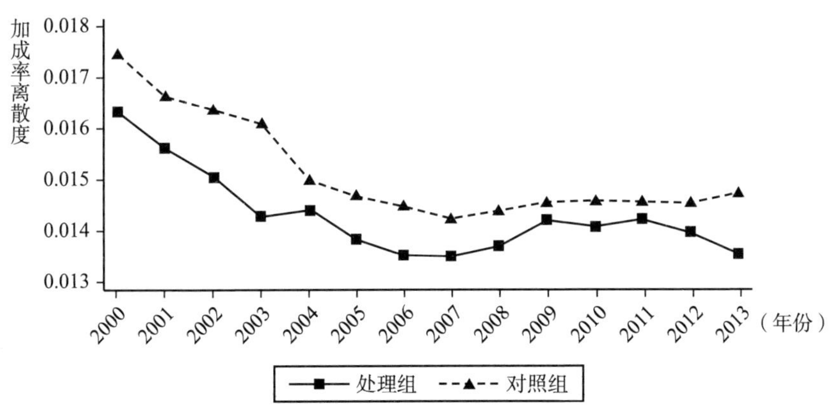

图6-3　中间品贸易自由化政策实施前后加成率离散度变化趋势

资料来源：根据计算结果绘得。

本书进一步借鉴托帕洛娃（Topalova，2010）、陆毅和余林徽（Yi Lu and Linhui Yu，2015）使用"安慰剂检验"考察倍差回归结果的可靠性。具体思路是：仅保留中国"入世"前样本（2000 年和 2001 年）检验中间品进口关税是否对企业加成率离散度产生影响，因为"入世"前中间品进口关税没有出现大的变化，中间品进口关税对企业加成率离散度应该没有显著影响，因此中间品进口关税估计系数应该不显著，如果该回归系数显著，则说明有潜在的其他因素干扰回归，此时倍差回归结果将是有偏的。使用"入世"前样本企业对计量模型（6－1）进行回归，结果报告在表6－3 第（4）列，结果显示中间品进口关税估计系数不显著，而且相比全样本时估计系数绝对值小了近 10 倍，可以认为"入世"前中间品进口关税对企业加成率离散度没有显著影响，说明倍差回归结果是可靠的。不过对表 6－3 第（4）列回归结果的一个质疑是，估计系数不显著且绝对值小是否因为仅使用 2000 年和 2001 年两年数据，样本量的大幅缩减而致？为考察该质疑，本书借鉴毛其淋和许家云（2017）做法，以"入世"后 2001 年和 2002 年两年数据为样本再次对计量模型（6－1）进行回归，结果报告在表 6－3 第（5）列。结果显示中间品进口关税估计系数显著为正，且绝对值与全样本回归时近似，说明"入世"后中间品进口关税对企业加成率离散度具有显著影响。至此，说明使用"安慰剂检验"的结论与样本量无关，也说明通过"安慰剂检验"验证了本书倍差法回归结论是可靠的。

6.2.4 稳健性检验

1. 稳健性检验Ⅰ：变量稳健性

基准回归中使用加成率泰勒指数（theil）作为因变量，本书进一步以加成率相对均值离差（rmd）及加成率方差系数（cv）作为因变量对计量模型（6－1）进行回归，结果分别报告见表 6－4 的第（1）和第（2）列。从回归结果看出，中间品进口关税估计系数显著为正，与基准回归结果一致，说明中间品贸易自由化显著降低了企业加成率离散度，该结论不受加成率离散度计算方法的影响，是稳健可靠的。

表 6-4　　　　稳健性检验结果

解释变量	3 分位行业		2 分位行业		
	rmd	cv	theil	rmd	cv
	(1)	(2)	(3)	(4)	(5)
inputduty	0.0236*** (0.0044)	0.0117*** (0.0012)	0.0482*** (0.0151)	0.0332*** (0.0079)	0.0139*** (0.0022)
outputduty	-0.0112*** (0.0040)	-0.0019* (0.0010)	-0.0129** (0.0123)	-0.0108* (0.0062)	-0.0023 (0.0014)
tfpdisp	-0.3742 (0.2528)	-0.1372* (0.0787)	-1.6877 (1.3971)	-0.6034 (0.7152)	0.0208 (0.1146)
agehy	0.0044 (0.0049)	0.0011 (0.0009)	0.0191* (0.0106)	0.0088 (0.0059)	0.0008 (0.0011)
hhi	0.0342 (0.1535)	0.0002 (0.0359)	1.0023 (1.5287)	0.2639 (0.8466)	0.0717 (0.1376)
kl	-0.0231 (0.0153)	-0.0068* (0.0036)	-0.0692 (0.0453)	-0.0307 (0.0252)	-0.0039 (0.0046)
expopen	-0.1223** (0.0595)	-0.0157 (0.0142)	-0.3278 (0.2075)	-0.1848* (0.1069)	-0.0356 (0.0318)
常数项	-2.3857*** (0.0851)	-1.7449*** (0.0240)	-4.1720*** (0.3662)	-2.4283*** (0.1926)	-1.8122*** (0.0391)
行业固定效应	是	是	是	是	是
观测值	2013	2017	396	396	398
R^2	0.1583	0.6354	0.2837	0.3560	0.6142

注：表中 ***、**、* 分别表示在 1%、5% 和 10% 水平上显著，括号中的值是稳健标准误。

2. 稳健性检验Ⅱ：样本稳健性

基准回归中使用的是 3 分位行业层面变量进行回归，为检验样本稳健性，本书进一步在 2 分位行业层面上重新计算了加成率泰勒指数（theil）、加成率相对均值离差（rmd）及加成率方差系数（cv）3 个指标、行业中间品进口关税及各个控制变量，再次对计量模型（6-1）进行回归，结果报告见表 6-4 第（3）（4）和（5）列。从回归结果看出，2 分位行业中间品进口关税估计系数显著为正，与 3 分位行业回归结果一致，说明中间品贸易自由化有利于降低企业加成率离散度，该结论不受样本影响，是稳健可靠的。

6.2.5 分组回归

1. 按照产品质量差异化程度分组

本书第 5 章研究发现产品质量差异化程度强化了中间品贸易自由化对企业加成率的提高作用，相比产品质量差异化程度较小的同质行业，中间品贸易自由化对产品质量差异化程度较大的异质行业企业加成率具有更大的提高作用。那么，产品质量差异化程度是否对中间品贸易自由化与企业加成率离散度的关系产生差异化影响呢？既然中间品贸易自由化对异质行业中间品进口企业加成率提高幅度更大，则相比同质行业，中间品贸易自由化可能会导致异质行业中间品进口企业和非中间品进口企业之间的加成率差距更小，企业加成率离散度下降幅度更大。为了检验该差异性影响，本书将 3 分位行业按产品质量差异化程度分同质行业和异质行业，使用计量模型（6－1）进行分组回归，结果报告见表 6－5 第（1）和第（2）列。

表 6－5　　　　分组回归结果 I

解释变量	按产品质量差异化程度分组		按市场集中度分组		按对外开放程度分组	
	同质行业	异质行业	较低行业	较高行业	较低行业	较高行业
	（1）	（2）	（3）	（4）	（5）	（6）
inputduty	0.0283 ** （0.0127）	0.0408 *** （0.0123）	0.0288 *** （0.0091）	0.0302 *** （0.0115）	0.0288 *** （0.0091）	0.0468 *** （0.0139）
outputduty	－0.0106 （0.0118）	－0.0184 （0.0112）	－0.0043 （0.0070）	－0.0094 （0.0100）	－0.0043 （0.0070）	－0.0280 ** （0.0113）
tfpdisp	0.2413 （0.6318）	－1.8733 *** （0.6573）	－0.8326 （0.7456）	－0.9695 （0.7181）	－0.8326 （0.7456）	－0.6816 （0.8777）

续表

解释变量	按产品质量差异化程度分组		按市场集中度分组		按对外开放程度分组	
	同质行业	异质行业	较低行业	较高行业	较低行业	较高行业
	(1)	(2)	(3)	(4)	(5)	(6)
agehy	0.0116 (0.0081)	0.0126 (0.0172)	0.0203** (0.0097)	−0.0089 (0.0148)	0.0203** (0.0097)	0.0056 (0.0102)
hhi	0.3112 (0.7779)	−0.0523 (0.2564)	13.2828** (5.8907)	−0.0360 (0.2401)	13.2828** (5.8907)	0.6909 (1.0606)
kl	−0.0291 (0.0312)	−0.0788 (0.0522)	−0.0765* (0.0392)	0.0066 (0.0458)	−0.0765* (0.0392)	−0.0387 (0.0327)
expopen	0.1332 (0.1737)	−0.4309** (0.1940)	−0.3286** (0.1609)	−0.2140 (0.2361)	−0.3286** (0.1609)	−0.9616 (0.6281)
常数项	−4.6316*** (0.1916)	−3.8345*** (0.2170)	−4.3720*** (0.2119)	−4.1376*** (0.2575)	−4.3720*** (0.2119)	−4.1247*** (0.2558)
行业固定效应	是	是	是	是	是	是
观测值	900	1113	1056	957	1056	960
R^2	0.2780	0.1320	0.1946	0.2687	0.1946	0.2818

注：表中 ***、**、* 分别表示在 1%、5% 和 10% 水平上显著，括号中的值是稳健标准误。

从回归结果看，两类行业中间品进口关税估计系数均为正，说明无论对于同质行业或异质行业中间品贸易自由化均降低了企业加成率离散度，也说明中间品贸易自由化对企业加成率离散度的影响方向不因产品质量差异化程度而发生变化；从估计系数显著性水平看，同质行业估计系数在 5% 水平显著，而异质行业估计系数在 1% 水平上显著，说明中间品贸易自由化对同质行业的加成率离散度影响作用不明显，而对异质行业的加成率离散度影响非常明显；从估计系数绝对值看，异质行业远高于同质行业，说明中间品贸易自由化对异质行业的加成率离散度的降低作用更大。

2. 按照行业市场集中度分组

第 5 章实证研究发现相比低市场集中度行业，中间品贸易自由化显著大幅度提高了高市场集中度行业的企业加成率，本章从行业层面继续研究中间品贸易自由化对不同市场集中度行业的加成率离散度的影响。为此，按照3分位行业赫芬达尔指数中位数将行业分为高市场集中度行业和低市场集中度行业，使用计量模型（6－1）进行分组回归，结果报告见表6－5第（3）和第（4）列。

回归结果显示，两类行业中间品进口关税估计系数均为正，说明中间品贸易自由化对低市场集中度行业和高市场集中度行业的加成率离散度均有降低作用，但通过比较估计系数绝对值发现，对高市场集中度行业加成率离散度的降低作用更大，可能的原因是相比低市场集中度行业，中间品贸易自由化对高市场集中度行业的企业加成率提高幅度更大，导致高市场集中度行业内中间品进口企业与非中间品进口企业加成率差距更小，企业间加成率趋于一致，加成率离散度降低较为明显。

3. 按行业对外开放程度分组

第5章实证研究发现中间品贸易自由化能显著提高中间品进口企业加成率，由于相比非出口企业，出口企业会进口更多中间品，其加成率受中间品贸易自由化影响更大，因此中间品贸易自由化对出口占比不同行业的加成率离散度可能有不同的影响。为此，按照3分位行业出口开放度中位数将行业分为出口开放度较高行业和出口开放度较低行业，使用计量模型（6－1）进行分组回归，结果报告见表6－5第（5）和第（6）列。

回归结果显示，两类行业中间品进口关税估计系数均为正，说明中间品贸易自由化对出口开放度较高行业和较低行业的加成率离散度均有降低作用，但通过比较估计系数的绝对值发现，出口开放度较高行业估计系数的绝对值更大，说明中间品贸易自由化对其加成率离散度的降低作用更强烈。可能的原因是，一方面，在出口开放度较高的行业，出口企业占比更高，相应的进口中间品数量更多、种类更丰富，中间品贸易自由化对出口企业加成率的提高作用更显著；另一方面，相比非出口企业加成率，出口企业加成率较低。在这两方面的作用下，在出口开放度较高的行业，出口企业和非出口企业间加成率差距进一步缩小，加成率离散度降低幅度更大。

4. 按照行业内企业构成类型比重分组

根据第4章企业加成率异质性事实描述，中国本土企业加成率小于外资企业加成率，按均值从小到大依次为国有企业、民营企业和外资企业①。第5章实证研究发现中间品贸易自由化显著提高了中国本土企业加成率，对外资企业加成率没有明显提高作用②，这使得中间品贸易自由化可以通过缩小行业内本土企业和外资企业加成率差距，降低行业内企业加成率离散度。由于国有企业和外资企业加成率差距最大，且中间品贸易自由化对国有企业加成率提高幅度最大，以此推断当行业内国有企业占比较高时，中间品贸易自由化对企业加成率离散度降低作用更大。为考察中间品贸易自由化对企业加成率离散度的影响是否具有该差异性，本书计算了3分位行业内国有企业占比，按其中位数将行业分为国有企业占比较低行业和国有企业占比较高的行业，使用计量模型(6-1)进行分组回归，结果报告见表6-6第（1）和第（2）列。

表6-6　　分组回归结果Ⅱ

解释变量	按国有企业占比分组		按外资企业占比分组	
	较低行业	较高行业	较低行业	较高行业
	(1)	(2)	(3)	(4)
inputduty	0.0068 (0.0209)	0.0506*** (0.0113)	0.0434*** (0.0125)	0.0202** (0.0142)
outputduty	0.0042 (0.0190)	-0.0250*** (0.0096)	-0.0118 (0.0114)	-0.0156 (0.0138)
tfpdisp	0.1169 (0.4170)	0.1517 (1.1338)	-0.7272 (0.8818)	0.0973 (1.5959)
agehy	0.0048 (0.0123)	0.0093 (0.0119)	0.0274 (0.0292)	0.0017 (0.0068)
hhi	-0.0624 (0.1119)	0.8828 (2.5370)	0.0146 (0.3035)	0.3831 (2.2016)

① 根据样本企业加成率计算，“入世”前国有企业加成率均值为1.01，民营企业加成率均值为1.15，外资企业加成率为1.20。

② 本书5.1.6节按照企业所有制类型进行分组回归，发现中间品贸易自由化显著提高了国有企业和民营企业加成率，且对国有企业加成率提高幅度最大，民营企业次之，而对外资企业加成率提高作用不明显。

续表

解释变量	按国有企业占比分组		按外资企业占比分组	
	较低行业	较高行业	较低行业	较高行业
	(1)	(2)	(3)	(4)
kl	-0.0101 (0.0412)	-0.0360 (0.0372)	-0.0884 (0.0723)	-0.0147 (0.0275)
expopen	-0.0102 (0.0972)	-0.4605 (0.2972)	-0.1812 (0.2081)	-0.1999 (0.2475)
常数项	-4.5880*** (0.1848)	-4.3854*** (0.2856)	-4.3053*** (0.3132)	-4.3124*** (0.3045)
行业固定效应	是	是	是	是
观测值	1004	1009	1387	626
R^2	0.2052	0.1174	0.1076	0.2709

注：表中***、**、*分别表示在1%、5%和10%水平上显著，括号中的值是稳健标准误。

回归结果显示，在国有企业占比较低的行业，中间品进口关税估计系数为正，但不显著，说明中间品贸易自由化对国有企业占比较低行业的加成率离散度没有显著降低作用；在国有企业占比较高的行业，中间品进口关税估计系数在1%水平上显著为正，且绝对值高于全样本回归结果，说明中间品贸易自由化显著的大幅度降低了国有企业占比较高行业的加成率离散度。

为了检验回归结果的稳健性，本书还按照行业内外资企业占比中位数，将行业分为外资企业占比较低的行业和外资企业占比较高的行业，再次使用计量模型（6-1）进行分组回归，结果报告在表6-6第（3）和第（4）列。回归结果显示，在外资企业占比较低的行业，中间品进口关税估计系数在1%水平上显著为正，说明中间品贸易自由化显著降低了外资企业占比较低行业的加成率离散度；在外资企业占比较高的行业，中间品进口关税估计系数为正，但显著水平和绝对值均小于外资占比较低行业的估计系数。这又从另一面印证了上文结论，说明检验结果是可靠的。

6.3 中间品贸易自由化影响企业加成率离散度的机制检验

本章6.1节理论分析表明，中间品贸易自由化通过在位企业加成率变化（集约边际渠道），缩小在位企业加成率差距，降低了在位企业加成率离散度，本书称为加成率变化效应；通过促进低加成率企业退出市场（扩展边际渠道），提高了资源再配置效率，降低了企业加成率离散度，本书称为资源再配置效应。本节通过构建计量模型，实证考察中间品贸易自由化影响企业加成率离散度的作用机制。

6.3.1 中间品贸易自由化对在位企业加成率离散度的影响

第5章实证研究发现，中间品贸易自由化一方面通过提高中间品进口企业加成率，缩小了中间品进口企业与非中间品进口企业之间的加成率差距；另一方面通过更大幅度提高低加成率企业的加成率，缩小了中间品进口企业内部的加成率差距。因此，理论上中间品贸易自由化可以通过在位企业加成率变化（集约边际渠道），降低在位企业加成率离散度，直接降低企业加成率离散度，即加成率变化效应。

为实证考察加成率变化效应的有效性，本书将历年退出企业和新进入企业从样本中删除，重新计算3分位行业加成率泰勒指数（theil），使用计量模型（6-1）进行回归，结果报告见表6-7第（1）和第（2）列。结果显示，中间品进口关税估计系数均在5%水平上显著为正，说明中间品贸易自由化显著降低了在位企业加成率离散度。稳健起见，本书又使用加成率相对均值离差（rmd）和加成率方差系数（cv）作为企业加成率离散度指标，再次对计量模型（6-1）进行回归，结果报告在表6-7第（3）和第（4）列，从结果看与使用加成率泰勒指数（theil）回归结果相似，说明结果是稳健可靠的。由此可见，中间品贸易自由化通过集约边际渠道的加成率变化效应显著降低了在位企业加成率离散度。值得注意的是，虽然证实中间品贸易自由化会降低在位企业加成率离散度，但注意到使用在位企业样本时中间品进口关税估计系数的绝对值仅为0.0251，远小于全样本时估计系数绝对值0.0359［表6－2第（4）列］，这说明中间品贸易自由化应该不仅通过集约边际渠道的加成率变化效应降低企业加成率离散度，还将通过扩展边际渠道的资源再配置效应影响企业加成率离散度。

表6－7 中间品贸易自由对在位企业加成率离散度影响的回归结果

解释变量	全样本		同质行业		异质行业	
	theil	theil	rmd	cv	theil	theil
	(1)	(2)	(3)	(4)	(5)	(6)
inputduty	0.0197*** (0.0046)	0.0251** (0.0105)	0.0164*** (0.0050)	0.0094*** (0.0012)	0.0144 (0.0131)	0.0305** (0.0150)
outputduty		−0.0129 (0.0099)	−0.0087* (0.0045)	−0.0008 (0.0009)	−0.0025 (0.0125)	−0.0196 (0.0136)
tfpdisp		0.0628*** (0.0235)	0.0232** (0.0110)	0.0008 (0.0017)	0.0196 (0.0223)	0.1372*** (0.0272)
agehy		0.0064*** (0.0016)	0.0037*** (0.0008)	0.0015*** (0.0002)	0.0067*** (0.0017)	0.0055** (0.0025)
hhi		0.0452 (0.0318)	0.0148 (0.0169)	0.0002 (0.0032)	0.0882* (0.0448)	−0.0284 (0.0404)
kl		0.0048 (0.0138)	−0.0020 (0.0071)	−0.0052*** (0.0017)	0.0017 (0.0235)	0.0108 (0.0145)
expopen		−0.1266 (0.1351)	−0.0825 (0.0639)	−0.0050 (0.0142)	−0.0414 (0.2216)	−0.1842 (0.1564)
常数项	−4.5399*** (0.0421)	−5.0119*** (0.3117)	−2.7025*** (0.1637)	−1.7678*** (0.0387)	−5.0053*** (0.5675)	−5.0729*** (0.2804)
行业固定效应	是	是	是	是	是	是
观测值	1672	1672	1672	1687	760	912
R^2	0.0428	0.2904	0.1296	0.5961	0.2635	0.1392

注：表中***、**、*分别表示在1%、5%和10%水平上显著，括号中的值是稳健标准误。

由于中间品贸易自由化对同质行业企业和异质行业企业加成率的影响具有差异性，而在位企业加成率的变化又影响到在位企业加成率离散度，本书进一步分同质行业和异质行业检验中间品进口关税下降对两类行业在位企业加成率离散度的影响是否也具有差异性。为此，本书将历年退出企业和新进入企业从同质行业和异质行业样本中删除，重新计算两类行业在位企业的加成率泰勒指数（theil），使用计量模型（6－1）进行分组回归，结果报告在表6－7第（5）和第（6）列。结果显示，中间品贸易自由化对两类行业在位企业加成率离散度的影响确实具有较大差异性：对于同质行业，中间品进口关税回归系数为正，但不显著，意味着中间品进口关税下降不能显著降低同质行业在位企业加成率离散度，集约边际渠道不是降低同质行业加成率离散度的有效渠道。结合前文研究发现的中间品贸易自由化对同质行业整体加成率离散度有显著的降低作用［表6－5第（1）列］，推测中间品贸易自由化应该还将通过扩展边际渠道降低同质行业加成率离散度。对于异质行业，中间品进口关税估计系数在5%水平上显著为正，且绝对值也与异质行业全样本回归结果近似［表6－5第（2）列］，说明中间品贸易自由化显著降低了异质行业在位企业加成率离散度，集约边际渠道是降低异质行业加成率离散度的重要有效渠道。

6.3.2　中间品贸易自由化对低加成率企业退出市场的影响

理论分析表明，如果中间品贸易自由化能促进行业内加成率较低的企业退出市场（扩展边际渠道），可以降低企业加成率离散度，市场资源也将流向高加成率企业，提升了整体资源配置效率，即“资源再配置效应”。为了考察“资源再配置效应”的有效性，本书借鉴毛其淋和许家云（2016b）构建如下计量模型：

$$Pr(Exit_{ijt}=1)=\Phi(\alpha_0+\alpha_1 relmkp_{ijt}+\alpha_2 relmkp_{ijt}\times inputduty_{jt}+\beta X_{ijt}+v_i+v_t+\varepsilon_{it}) \quad (6-8)$$

其中，下标j、i和t分别表示行业、企业和年份；$Exit_{ijt}$表示行业j中企业i第t年退出的虚拟变量，如果企业i在第t年与（t+1）年之间退出，$Exit_{ijt}$取值为1，否则取值为0；$relmkp_{ijt}$表示行业j中企业i第t年的相对加成率，其计算公式：$relmkp_{ijt}=\frac{mkp_{ijt}}{\overline{MKP}_{jt}}$，其中$mkp_{ijt}$表示行业j中企业i第t年的加成率，$\overline{MKP}_{jt}$表示行业j第t年的平均企业加成率；

$inputduty_{jt}$为行业 j 第 t 年中间品进口关税；X_{it}表示控制变量；v_i 和 v_t 分别表示企业固定效应与时间固定效应，ε_{it}表示扰动项。

控制变量 X_{it}的集合为：

$$X_{it} = \gamma_1 outputtariff_{it} + \gamma_2 tfp_{it} + \gamma_3 process_{it} + \gamma_4 export_{it} + \gamma_5 size_{it} + \gamma_6 capital_{it} + \gamma_7 debit_{it} + \gamma_8 wage_{it} \quad (6-9)$$

其中，$outputtariff_{it}$表示企业最终品进口关税，$process_{it}$表示加工贸易企业虚拟变量，$export_{it}$表示出口企业虚拟变量，$size_{it}$表示企业规模，$capital_{it}$表示企业资本劳动比，$debit_{it}$表示企业融资约束，$wage_{it}$表示企业平均工资。各个控制变量的设定方法与第 5 章相同，在此不再赘述。

计量模型（6－8）中，如果$relmkp_{ijt}$估计系数 $\alpha_1 < 0$，说明相对加成率越低的企业退出市场的可能性越大；交互项$relmkp_{ijt} \times inputduty_{jt}$的估计系数 α_2 是需要关注的核心变量，如果 $\alpha_2 > 0$，说明随着行业中间品进口关税下降，相对加成率越低的企业退出市场的可能性越大，即中间品贸易自由化促进了低加成率企业退出市场。

鉴于因变量$Exit_{ijt}$是虚拟变量，本书使用二值选择模型进行回归。经过 LR 检验和豪斯曼（Hausman）检验，认为应该使用随机效应模型进行回归①。本书使用 Logit 方法对计量模型（6－8）进行回归，结果报告见表 6－8 第（1）和第（2）列，结果显示，无论是否加入控制变量，$relmkp_{ijt}$估计系数均在 1% 水平显著为负，说明相对加成率越低的企业退出市场的可能性越大；交互项$relmkp_{ijt} \times inputduty_{jt}$估计系数在 1% 显著水平上为正，说明中间品进口关税下降显著促进了相对加成率较低的企业退出市场，扩展边际渠道是中间品贸易自由化影响企业加成率离散度的有效渠道。为了检验回归结果是否稳健，本书继续使用 Probit 方法对计量模型（6－8）进行回归，结果报告见表 6－8 第（3）和第（4）列，$relmkp_{ijt}$及交互项$relmkp_{ijt} \times \tau_{jt}^{input}$估计系数的符号和显著性水平与 Logit 方法下的回归结果完全一致，仅绝对值小一些，说明结果是稳健可靠的。

---

① LR 检验强烈拒绝了“不存在个体效应”的原假设，认为在混合回归和个体效应模型间应该使用固定效应或随机效应模型；进一步豪斯曼（Hausman）检验接受“随机效应”的原假设，故选择随机效应模型（陈强，2014）。下文使用计量模型（6－8）进行回归均是使用随机效应予以估计。

表6-8 中间品贸易自由化对低加成率企业退出市场影响的回归结果

解释变量	Logit		Probit	
	(1)	(2)	(3)	(4)
relmkp	-0.5583*** (0.0169)	-0.2697*** (0.0250)	-0.3204*** (0.0096)	-0.1484*** (0.0140)
relmkp × inputduty	0.3158*** (0.0500)	0.1733*** (0.0649)	0.1762*** (0.0287)	0.1040*** (0.0370)
outputtariff		0.2702*** (0.0358)		0.1418*** (0.0205)
tfp		-0.0519*** (0.0101)		-0.0437*** (0.0054)
export		-0.4299*** (0.0046)		-0.2382*** (0.0026)
size		-0.3890*** (0.0095)		-0.2146*** (0.0051)
capital		-0.0412*** (0.0022)		-0.0251*** (0.0012)
debit		1.3040*** (0.0171)		0.7974*** (0.0097)
wage		-0.0002*** (0.0000)		-0.0001*** (0.0000)
常数项	-0.2750*** (0.0177)	7.4804*** (0.0781)	-0.1826*** (0.0101)	4.4694*** (0.0448)
企业固定效应	是	是	是	是
年份固定效应	是	是	是	是
观测值	2795309	2763717	2795309	2763717
likelihood	-1047181.10	-989602.52	-1047061.5	-989938.45

注：表中***、**、*分别表示在1%、5%和10%水平上显著，括号中的值是稳健标准误。

上文研究发现，加成率变化效应的集约边际渠道不是中间品贸易自由化降低同质行业加成率离散度的有效渠道，推测中间品贸易自由化应该还将通过资源再配置效应的扩展边际渠道降低同质行业加成率离散度。为了验证此推测是否正确，并且考察“资源再配置效应”在同质行业和异质行业是否存在差异，本书进一步分同质行业和异质行业予以检验。

本书先使用 Logit 方法对计量模型（6－8）进行分组回归，结果报告见表6－9第（1）和第（3）列。结果显示，两类行业 $relmkp_{ijt}$ 的估计系数均为负，但同质行业的估计系数不显著，说明只有在异质行业中相对加成率越低的企业退出市场的可能性越大；交互项 $relmkp_{ijt} \times inputduty_{jt}$ 的估计系数均在1%水平显著为正，说明中间品贸易自由化显著促进了两类行业中相对加成率较低的企业退出市场，也就是说无论在同质行业或异质行业，扩展边际渠道都是中间品贸易自由化影响企业加成率离散度的有效渠道。进一步比较两类行业交互项的估计系数绝对值，发现同质行业的估计系数是异质行业估计系数的近两倍，也就是说中间品贸易自由化对同质行业相对加成率较低企业退出市场的作用更大。该结果证实了前文推测，即在同质行业，中间品贸易自由化主要通过促进低加成率企业退出市场降低了企业加成率离散度，扩展边际渠道是中间品贸易自由化影响同质行业加成率离散度的唯一有效渠道，中间品贸易自由化只能通过“资源再配置效应”降低行业加成率离散度。

表6－9　中间品贸易自由化对同质行业和异质行业低加成率企业退出市场影响的回归结果

解释变量	同质行业		异质行业	
	Logit	Probit	Logit	Probit
	(1)	(2)	(3)	(4)
relmkp	－0.0637* (0.0361)	－0.0776*** (0.0936)	－0.0280 (0.0201)	－0.0417*** (0.0533)
relmkp × inputduty	0.9759*** (0.0901)	0.6076*** (0.0351)	0.5560*** (0.0517)	0.3273*** (0.0196)
outputtariff	－0.1222** (0.0523)	0.7778*** (0.0497)	－0.0799*** (0.0300)	0.4215*** (0.0284)
tfp	－0.0293** (0.0148)	－0.0759*** (0.0140)	－0.0339*** (0.0079)	－0.0541*** (0.0075)
export	－0.4705*** (0.0069)	－0.3845*** (0.0062)	－0.2616*** (0.0039)	－0.2125*** (0.0035)

续表

解释变量	同质行业		异质行业	
	Logit	Probit	Logit	Probit
	(1)	(2)	(3)	(4)
size	-0.3747 *** (0.0139)	-0.4030 *** (0.0131)	-0.2046 *** (0.0075)	-0.2246 *** (0.0071)
capital	-0.0524 *** (0.0033)	-0.0320 *** (0.0031)	-0.0318 *** (0.0018)	-0.0194 *** (0.0017)
debit	1.2719 *** (0.0246)	1.3385 *** (0.0238)	0.7773 *** (0.0140)	0.8198 *** (0.0135)
wage	-0.0003 *** (0.0000)	-0.0002 *** (0.0000)	-0.0002 *** (0.0000)	-0.0001 *** (0.0000)
常数项	7.4839 *** (0.1125)	7.4899 *** (0.1089)	4.4638 *** (0.0644)	4.4848 *** (0.0624)
企业固定效应	是	是	是	是
年份固定效应	是	是	是	是
观测值	1342217	1421500	1342217	1421500
likelihood	-485938.82	-502904.47	-486012.60	-503178.91

注：表中 ***、**、* 分别表示在 1%、5% 和 10% 水平上显著，括号中的值是稳健标准误。

为了检验回归结果是否稳健，本书继续使用 Probit 方法对计量模型（6-8）进行分组回归，结果报告在表 6-9 第（2）和第（4）列，$relmkp_{ijt}$和交互项$relmkp_{ijt} \times \tau_{jt}^{input}$估计系数的符号和显著性水平与 Logit 方法下回归结果完全一致，仅绝对值小一些，说明回归结果是稳健可靠的。

6.4 本章小结

本章首先基于梅里兹（Melitz，2003）的异质性企业贸易理论和第 5 章实证研究结论，理论分析得出中间品贸易自由化有利于降低企业加成率离散度，提高资源配置效率。一方面，中间品贸易自由化通过在位企业加成率变化，缩小在位企业加成率差距，降低企业加成率离散度，本书称为加成率变化效应；另一方面，中间品贸易自由化通过促进低加成率企业退出市场，提高了资源再配置效率，降低企业加成率离散度，本书称为资源再配置效应。

基于理论分析结论，本书使用制造业企业数据实证检验了中间品贸易自由化对加成率离散度的影响效应。计量方法的选择上，本章主要使用固定效应（FE）对计量模型予以回归，使用混合最小二乘法（POLS）回归作为参考，运用倍差法（DID）对内生性问题进行了分析，并且使用 Logit 和 Probit 方法对企业退出概率的二值选择模型进行估计。本章实证研究得出以下两方面主要结论：

第一，关于中间品贸易自由化对企业加成率离散度的影响。全样本基准回归、内生性分析和稳健性检验都一致表明中间品贸易自由化显著降低了中国制造业企业加成率离散度，改善了资源配置效率。更进一步分组回归发现中间品贸易化对企业加成率离散度的影响效应具有明显的行业异质性：按产品质量差异化程度考察，中间品贸易自由化显著降低了异质行业的加成率离散度，而对同质行业的加成率离散度没有明显降低作用；按行业市场集中度考察，中间品贸易自由化显著降低了高市场集中度行业的加成率离散度，而对低市场集中度行业的加成率没有显著降低作用；按行业出口开放程度考察，中间品贸易自由化对行业加成率离散度均有显著降低作用，但对出口开放度较高行业的影响更大；按行业内企业构成类型比重考察，中间品贸易自由化显著降低了国有企业占比较高行业的加成率离散度，而对外资企业占比较高行业的加成率离散度没有明显降低作用。

第二，关于中间品贸易自由化影响企业加成率离散度的作用机制。全样本机制检验发现在位企业加成率变化（集约边际渠道）和低加成率企业退出市场（扩展边际渠道）是中间品贸易自由化影响企业加成率离散度的有效渠道，中间品贸易自由化通过加成率变化效应和资源再配置效应降低了企业加成率离散度。基于同质行业和异质行业分组机制检验发现，中间品贸易自由化对同质行业和异质行业的加成率离散度具有差异化的影响机制：在同质行业，扩展边际渠道是中间品贸易自由化影响企业加成率离散度的有效渠道，中间品贸易自由化通过资源再配置效应降低了企业加成率离散度；在异质行业，集约边际渠道和扩展边际渠道均是中间品贸易自由化影响企业加成率离散度的有效渠道，中间品贸易自由化通过加成率变化效应和资源再配置效应降低了企业加成率离散度。

第7章 结论、政策含义与研究展望

7.1 主要结论

7.1.1 理论分析结论

第一，中间品贸易自由化有利于提高企业加成率。无论是产品同质假设的基准模型，或是考虑产品质量差异的扩展模型，经过消费者偏好、企业中间品进口及生产最优行为分析建立了中间品贸易自由化影响企业加成率的函数关系式，数理推导均得出中间品贸易自由化提高了企业加成率。

第二，边际成本和产品质量是中间品贸易自由化影响企业加成率的重要渠道，在成本消减效应和质量升级效应作用下提高了企业加成率。在产品同质假设的基准模型中，中间品贸易自由化通过降低进口中间品国内价格、提高进口中间品质量与种类、提高与国产中间品互补性，增加了企业成本节约收益、提高了企业生产率，这降低了企业边际成本，进而提高了企业加成率，本书将其称为成本消减效应；扩展模型引入产品质量差异后，边际成本不再是中间品贸易自由化影响加成率的唯一渠道，还可以通过产品质量渠道作用于加成率，具体而言，中间品贸易自由化通过提升企业创新研发能力、提高进口中间品种类与质量，导致产品质量升级，使企业制定更高的产品价格，进而提高了企业加成率，本书将其称为质量升级效应。

第三，产品质量差异化程度强化了中间品贸易自由化对企业加成率的提高作用。考虑产品质量差异的扩展模型中，将中间品贸易自由化、企业最优产品质量选择、企业加成率置于同一个框架下分析，数理推导得出产品质量差异化程度制约了中间品贸易自由化对加成率的提高作用，产品质量差异化程度越高，中间品贸易自由化对企业加成率的提高作用越大。

第四，产品质量差异化程度影响了中间品贸易自由化对企业加成率的作用机制：在产品质量差异化程度较小的同质行业，中间品贸易自由化主要通过边际成本渠道影响企业加成率，在成本消减效应作用下提高了企业加成率；在产品质量差异化程度较大的异质行业，中间品贸易自由化通过边际成本渠道和产品质量渠道影响企业加成率，在成本消减效应和质量升级效应双重作用下对异质行业企业加成率的提高作用大于同质行业企业。

第五，中间品贸易自由化有利于降低企业加成率离散度，提高资源配置效率。在不完全竞争市场中，企业加成率离散度反映了资源配置效率，企业加成率离散度越低，说明资源配置效率越高。中间品贸易自由化通过缩小在位企业加成率差距和促进低加成率企业退出市场，有利于降低企业加成率离散度，优化资源配置效率。

第六，在位企业加成率变化和低加成率企业退出市场是中间品贸易自由化影响企业加成率离散度的重要渠道。一方面，中间品贸易自由化整体上提高了中间品进口企业加成率水平，缩小了中间品进口企业与非进口企业之间的加成率差距，而且对低加成率企业的提高作用大于中高加成率企业，这进一步缩小了中间品进口企业内部的加成率差距，使在位企业加成率趋于一致，降低了在位企业加成率离散度；另一方面，中间品贸易自由化显著促进了低加成率企业退出市场，降低了企业加成率离散度。

7.1.2 实证检验结论

第一，关于中间品贸易自由化对企业加成率的影响。（1）全样本基准回归、内生性和稳健性检验一致表明中间品贸易自由化对中国制造业加成率具有明显的提高作用。（2）分位数回归发现中间品贸易自由化对加成率的条件分布影响是不对称的，其中对低分位数企业的加成率具有明显提高作用，而对中位数和高分位数企业的加成率没有明显提高作用。(3)更进一步分组回归发现中间品贸易化对企业加成率的影响效应具有明显的企业异质性：按企业从事的贸易方式考察，中间品贸易自由化对纯一般贸易企业和混合贸易企业加成率均有明显提高作用，但对纯加工贸易企业加成率没有明显提高作用，这与加工贸易中间品进口税收减免有关；按企业所有制类型考察，"入世"后国有企业和民营企业可以更方便地获取高质量、多种类的进口中间品，中间品贸易自由化对这两类企业加成率具有显著的提高作用，而外资企业由于从事加工贸易份额较高，导致中间品贸易自由化对其加成率没有明显提高作用；按企业生产率水平考察，中间品贸易自由化对高生产率企业和低生产率企业加成率均有显著提高作用，但相比之下对高生产率企业加成率提高作用更大；按企业中间品进口密集度考察，中间品贸易自由化对高进口密集度企业和低进口密集度企业加成率都有显著提高作用，但由于高进口密集度企业进口的中间品数量、种类相对更多，质量相对更高，中间品贸易自由化对其加成率提高作用更大；按企业所在行业的市场集中度检验，中间品贸易自由化对高市场集中度的加成率具有显著的提高作用，但对低市场集中度的加成率提高作用不明显。

第二，关于产品质量差异化程度对中间品贸易自由化与企业加成率关系的影响。(1)全样本基准回归和稳健性检验一致表明产品质量差异化程度强化了中间品贸易自由化对企业加成率的提高作用。(2)相比产品质量差异化程度较小的同质行业，中间品贸易自由化对产品质量差异化程度较大的异质行业企业加成率具有更显著、更大的提高作用。(3)同质行业企业和异质行业企业分位数回归，发现中间品贸易自由化对同质行业企业加成率的条件分布影响是不对称的，对低分位数和中位数企业加成率没有显著影响，对高分位数企业加成率则有显著降低作用；中间品贸易自由化对各个分位数的异质行业企业加成率均有显著提高作用，且对低分位数企业和高分位数企业的影响大于对中间企业的影响，说明异质行业内中间品贸易自由化的最大受益者是高加成率企业和低加成率企业。(4)更进一步分组回归发现中间品贸易自由化对同质行业企业和异质行业企业加成率的影响效应具有明显的企业异质性：①按企业类型考察，发现中间品贸易自由化对同质行业的外资企业加成率有不显著的降低作用，对异质行业的外资企业加成率有不显著的提高作用；中间品贸易自由化对两类行业的本土企业加成率均有显著提高作用，但相比之下对异质行业本土企业影响效应更大。②按企业生产率水平考察，发现一方面相比低生产率企业，中间品贸易自由化对高生产率企业加成率提高作用更大，该差异性影响不因产品质量差异化程度而发生改变；另一方面在生产率水平相同的情况下，中间品贸易自由化对异质行业加成率具有更显著、幅度更大的提高作用。③按企业中间品进口密集度考察，发现一方面相比低进口密集度企业，中间品贸易自由化对高进口密集度企业加成率的提高作用更大；另一方面同一类型企业两个行业间对比，对于低进口密集度企业，中间品贸易自由化只对异质行业企业加成率具有提高作用；对于高进口密集度企业，中间品贸易自由化虽然对两类行业企业加成率均有显著提高作用，但相比之下还是对异质行业的提高作用更大。

第三，关于中间品贸易自由化影响企业加成率的作用机制。（1）全样本机制检验发现边际成本和产品质量是中间品贸易自由化影响企业加成率的有效渠道，中间品贸易自由化通过成本消减效应和质量升级效应提高了企业加成率。（2）进一步分组检验发现中间品贸易自由化对企业加成率的作用机制受产品质量差异化程度的影响：在产品质量差异化程度较小的同质行业，边际成本是中间品贸易自由化影响企业加成率的有效渠道，中间品贸易自由化通过成本削减效应提高了企业加成率；在产品质量差异化程度较大的异质行业，边际成本和产品质量均是中间品贸易自由化影响企业加成率的有效渠道，中间品贸易自由化通过成本消减效应和质量升级效应提高了企业加成率。

第四，关于中间品贸易自由化对企业加成率离散度的影响。（1）全样本基准回归、内生性分析和稳健性检验都一致表明中间品贸易自由化显著降低了中国制造业企业加成率离散度，优化了资源配置效率。（2）更进一步分组回归发现中间品贸易化对企业加成率离散度的影响效应具有明显的行业异质性：按产品质量差异化程度考察，中间品贸易自由化显著降低了异质行业的加成率离散度，而对同质行业的加成率离散度没有显著降低作用；按行业市场集中度考察，中间品贸易自由化显著降低了高市场集中度行业的加成率离散度，而对低市场集中度行业的加成率没有显著降低作用；按行业出口开放程度考察，中间品贸易自由化对行业加成率离散度均有显著降低作用，但对出口开放度较高行业的影响更大；按行业内企业构成类型比重考察，中间品贸易自由化显著降低了国有企业占比较高行业的加成率离散度，而对外资企业占比较高行业的加成率离散度没有明显降低作用。

第五，关于中间品贸易自由化影响企业加成率离散度的作用机制。（1）全样本机制检验发现在位企业加成率变化（集约边际渠道）和低加成率企业退出市场（扩展边际渠道）是中间品贸易自由化影响企业加成率离散度的有效渠道，中间品贸易自由化通过加成率变化效应和资源再配置效应降低了企业加成率离散度。（2）基于同质行业和异质行业分组机制检验发现，中间品贸易自由化对同质行业和异质行业的加成率离散度具有差异化的影响机制：在同质行业，扩展边际渠道是中间品贸易自由化影响企业加成率离散度的有效渠道，中间品贸易自由化通过资源再配置效应降低了企业加成率离散度；在异质行业，集约边际渠道和扩展边际渠道均是中间品贸易自由化影响企业加成率离散度的有效渠道，中间品贸易自由化通过加成率变化效应和资源再配置效应降低了企业加成率离散度。

7.2　政策含义

首先，继续实施全方位的中间品贸易自由化改革，引导企业实行更加主动的中间品进口战略。本书研究发现，中间品贸易自由化对中国制造业企业加成率具有显著的提高作用，对企业加成率离散度则有明显降低作用。因此为提高中国制造业企业绩效水平，优化资源配置效率，应继续实施中间品贸易自由化改革，引导企业进口种类更多、质量更高的中间品。经过“入世”后大幅度关税削减，目前中国中间品进口关税保持在一个平均较低的水平，继续整体下降的空间已经不大，今后中间品贸易自由化改革，可根据行业特征实施差异化的贸易自由化政策，重点对进口中间品依赖程度较高的行业及加成率较低的行业①实施更加深

---

① 根据本书样本数据，采用行业中间品进口额占行业中间品总投入的比值计算了2分位行业进口中间品比重，比重越高说明该行业对进口中间品依赖程度越高，其中比重最高的五个行业是石油、炼焦及核燃料加工业（25）、造纸及纸制品（22）、化学纤维制造业（28）、塑料制品业（30）、通信设备、计算机及其他电子设备制造业（40），行业进口中间品比重均超过了20%。按照德勒克和沃辛斯基（De Loecker and Warzynski，2012）计算2分位行业加成率，加成率最低的几个行业是纺织服装、鞋、帽制造业（18）、皮革、毛皮、羽毛（绒）及其制品业（19）、木材加工及木、竹、藤、棕、草制品业（20），平均加成率均不足1.15。

入的中间品贸易自由化改革，其中中间品进口关税仍然较高的行业①可继续削减中间品进口关税，中间品进口关税已经较低的行业②，可以着重降低非关税壁垒，如加强区域间通关合作机制建设，减少中间品进口环节的制度性成本，进一步提高企业中间品进口便利性。此外，本书研究还发现中间品贸易自由化对异质行业企业加成率的提高作用更为显著，而中国异质行业内大部分是中小型民营企业，获取国外中间品的渠道相对狭窄，为此，可以考虑广泛建设贸易交易平台，定期举办具备展览、交易定价和物流集散功能的综合性进口展览会，如 2018 年在上海举办的中国国际进口博览会，使更多国内企业有机会接触到国外先进的产品和技术，积极进口来自发达国家的高质量中间品。

其次，继续推进贸易体制改革，促进加工贸易企业转型升级。本书研究表明，中间品贸易自由化对加工贸易企业加成率及加工贸易比重较大行业的资源配置效率均没有显著提高作用，为此，外贸发展中应重视加工贸易转型升级。通过改革贸易管理体制，实施无偏的贸易政策，逐步减少对加工贸易中间品进口的税收优惠，倒逼企业从加工贸易方式向一般贸易方式转变；通过拓展综合保税区服务功能，提高加工贸易内销便利化，引导加工贸易企业积极开展内销，从单纯“两头在外”到同时兼顾国内外市场。

最后，深化国有企业改革，促进低加成率企业退出市场。本书研究表明，中间品贸易自由化通过促进低加成率企业退出市场可以有效提高资源配置效率。中国国有企业加成率整体水平较低，一批经营不善、本应退出市场的国有企业却通过政府关系以相对较低的成本获得土地和资本等生产要素，继续维持经营，这在一定程度上限制了优秀企业获取资源发展壮大，加重了资源错配。为此，应继续深化国有企业改革，使低效率的国有企业有序退出市场，提高企业之间的资源配置效率。

---

① 如皮革、皮毛、羽毛（绒）及其制品业（19）、食品制造业（14）、饮料制造业（15）等。

② 如木材加工及木、竹、藤、棕、草制品业（20）和印刷业和记录媒介的复制（23）等。

7.3 研究展望

本书在异质性企业贸易理论框架下，研究了中间品贸易自由化对企业加成率的影响和作用机制，不仅丰富了关于中国异质性企业贸易理论的经验研究，更为提升中国制造业企业绩效水平、优化资源配效率提供了一个新的诠释。但是，受分析能力和可获取数据限制，本书仍有一些不足有待未来进一步深入研究。

第一，理论分析有待进一步提升。本书从理论上分析中间品贸易自由化对企业加成率离散度的影响机制时，未能构建理论模型予以数理推导，而是基于已有理论和文献研究，根据中国制造业企业加成率的典型事实、中间品贸易自由化对企业加成率影响的实证检验结果，通过逻辑推演方法分析并提出理论假设，这在一定程度上缺乏严谨性，需要进一步予以深化。

第二，经验研究的方法和内容有待深入。其一，核心变量指标的构建和定量测算。中国“入世”后实施了削减进口关税率和降低非关税壁垒的中间品贸易自由化改革，而限于非关税壁垒数据获得的困难性及“数据数值化”的争议性，本书在实证研究中采用了中间品进口关税反映中间品贸易自由化水平，但目前中国中间品进口关税继续整体下降的空间有限，中间品贸易自由化将主要以降低各种形式的非关税壁垒为主，因此，在未来需要继续搜集非关税壁垒数据，研究非关税壁垒指标的构建方法，更加全面地度量中间品贸易自由化水平。对于加成率的测算，本书在企业层面计算了加成率，但是最新的加成率测算方法已经可以计算企业每个产品的加成率（De Loecker et al.，2016），因此未来可以计算产品加成率，展开对加成率更细致的研究。其二，样本数据问题。本书基于中国工业企业数据库最新数据展开事实描述和实证检验，但由于目前该数据库截至2013年，虽然能较好地研究“入世”后中间品进口关税大幅下降对企业加成率及其离散度的影响，但是对于金融危机后，尤其是2014年中国经济进入新常态后的企业绩效问题无法展开研究，期望未来可获得更新的数据满足研究需要。其三，经验研究方法的改进。本书综合使用了混合最小二乘回归（POLS）、双向固定效应回归（FE）、倾向得分倍差法回归（PSM - DID）、分位数回归、二值选择模型回归（Logit、Probit）等多种计量方法，但仍可能存在内生性及样本选择偏差等问题，未来可继续探索新的计量方法予以检验。

第三，对中国制造业企业加成率的研究有待深入。研究视角方面，将异质性企业贸易理论应用于中国时，可进一步考虑嵌入中国特有的制度因素，如加工贸易、融资约束、要素市场扭曲等，更真实地刻画中国制造业企业加成率的变化。研究内容方面，随着加成率计算方法的完善和可获数据的扩大，可从产品层面计算加成率，在贸易自由化背景下继续研究产品加成率动态变化及影响因素、多产品企业内部产品加成率差异、资源配置效率及贸易利得等问题。

附录　第4章2分位行业加成率和加成率离散度测算结果

表　　　　　　　　　　2分位制造业行业加成率

行业名称（代码）	μ^{DLW}	μ^{Edmond}	μ^{ac}
农副食品加工业（13）	1.24	1.38	1.30
食品制造业（14）	1.24	1.37	1.29
饮料制造业（15）	1.21	1.35	1.27
烟草制品业（16）	1.14	1.24	1.18
纺织业（17）	1.24	1.37	1.29
纺织服装、鞋、帽制造业（18）	1.00	1.12	1.04
皮革、毛皮、羽毛（绒）及其制品业（19）	1.04	1.17	1.09
木材加工及木、竹、藤、棕、草制品业（20）	1.11	1.25	1.17
家具制造业（21）	1.25	1.38	1.30
造纸及纸制品业（22）	1.24	1.39	1.31
印刷业和记录媒介的复制（23）	1.19	1.34	1.25
文教体育用品制造业（24）	1.23	1.36	1.27
石油加工、炼焦及核燃料加工业（25）	1.36	1.50	1.42
化学原料及化学制品制造业（26）	1.35	1.49	1.40
医药制造业（27）	1.30	1.43	1.35
化学纤维制造业（28）	1.30	1.42	1.35
橡胶制品业（29）	1.25	1.38	1.30
塑料制品业（30）	1.27	1.41	1.32
非金属矿物制品业（31）	1.21	1.35	1.27
黑色金属冶炼及压延加工业（32）	1.30	1.45	1.37
有色金属冶炼及压延加工业（33）	1.33	1.48	1.40
金属制品业（34）	1.27	1.41	1.33
通用设备制造业（35）	1.34	1.48	1.40

续表

行业名称（代码）	μ^{DLW}	μ^{Edmond}	μ^{ac}
专用设备制造业（36）	1.25	1.38	1.30
交通运输设备制造业（37）	1.24	1.37	1.29
电气机械及器材制造业（39）	1.29	1.41	1.33
通信设备、计算机及其他电子设备制造业（40）	1.25	1.36	1.28
仪器仪表及文化、办公用机械制造业（41）	1.25	1.38	1.30
工艺品及其他制造业（42）	1.24	1.37	1.29
各行业平均	1.24	1.38	1.30

资料来源：根据工业企业数据库数据计算所得。

表　　2分位制造业行业加成率离散度

行业名称（代码）	theil	rmd	cv
农副食品加工业（13）	0.0146	0.0423	0.1120
食品制造业（14）	0.0153	0.0452	0.1160
饮料制造业（15）	0.0173	0.0528	0.1250
烟草制品业（16）	0.0097	0.0574	0.1320
纺织业（17）	0.0132	0.0363	0.1070
纺织服装、鞋、帽制造业（18）	0.0130	0.0360	0.1070
皮革、毛皮、羽毛（绒）及其制品业（19）	0.0144	0.0399	0.1130
木材加工及木、竹、藤、棕、草制品业（20）	0.0116	0.0296	0.0991
家具制造业（21）	0.0123	0.0334	0.1030
造纸及纸制品业（22）	0.0142	0.0285	0.0974
印刷业和记录媒介的复制（23）	0.0100	0.0401	0.1110
文教体育用品制造业（24）	0.0137	0.0372	0.1100
石油加工、炼焦及核燃料加工业（25）	0.0154	0.0523	0.1240
化学原料及化学制品制造业（26）	0.0141	0.0403	0.1100
医药制造业（27）	0.0158	0.0474	0.1180
化学纤维制造业（28）	0.0193	0.0319	0.1020
橡胶制品业（29）	0.0131	0.0352	0.1070

续表

行业名称（代码）	theil	rmd	cv
塑料制品业（30）	0.0114	0.0292	0.0984
非金属矿物制品业（31）	0.0148	0.0449	0.1150
黑色金属冶炼及压延加工业（32）	0.0219	0.0416	0.1130
有色金属冶炼及压延加工业（33）	0.0162	0.0467	0.1190
金属制品业（34）	0.0118	0.0311	0.1010
通用设备制造业（35）	0.0125	0.0330	0.1030
专用设备制造业（36）	0.0152	0.0429	0.1150
交通运输设备制造业（37）	0.0143	0.0389	0.1110
电气机械及器材制造业（39）	0.0130	0.0352	0.1060
通信设备、计算机及其他电子设备制造业（40）	0.0180	0.0511	0.1270
仪器仪表及文化、办公用机械制造业（41）	0.0165	0.0474	0.1200
工艺品及其他制造业（42）	0.0149	0.0429	0.1150
各行业平均	0.0140	0.0387	0.1090

资料来源：根据工业企业数据库数据计算所得。

参 考 文 献

[1] 曹亮、王书飞、徐万枝:《中间品进口能提高企业全要素生产率吗——基于倾向评分匹配的检验分析》，载于《宏观经济研究》2012年第8期。

[2] 陈林:《中国工业企业数据库的使用问题再探》，载于《经济评论》2018年第6期。

[3] 陈强:《高级计量经济学及Stata应用》，高等教育出版社2014年版。

[4] 陈勇兵、仉荣、曹亮:《中间品进口会促进企业生产率增长吗——基于中国企业微观数据的分析》，载于《财贸经济》2012年第3期。

[5] 樊海潮、郭光远:《出口价格、出口质量与生产率间的关系:中国的证据》，载于《世界经济》2015年第12期。

[6] 高运胜、郑乐凯、杨张娇:《异质性产品质量与出口加成率》，载于《统计研究》2017年第9期。

[7] 耿伟、魏荣:《贸易自由化、市场化改革与企业间加成率分布》，载于《国际经贸探索》载于2018年第11期。

[8] 耿晔强、狄媛:《中间品贸易自由化、制度环境与企业加成率——基于中国制造业企业的实证研究》，载于《国际经贸探索》2017年第5期。

[9] 黄先海、金泽成、余林徽:《出口、创新与企业加成率:基于要素密集度的考量》，载于《世界经济》2018年第5期。

[10] 黄先海、诸竹君、宋学印:《中国出口企业阶段性低加成率陷阱》，载于《世界经济》2016年第3期。

[11] 黄先海、诸竹君、宋学印:《中国中间品进口企业“低加成率之谜”》，载于《管理世界》2016年第7期。

［12］李春顶：《中国企业“出口—生产率悖论”研究综述》，载于《世界经济》2015 年第 5 期。

［13］李宏亮、谢建国：《服务贸易开放提高了制造业企业加成率吗——基于制度环境视角的微观数据研究》，载于《国际贸易问题》2018 年第 7 期。

［14］李胜旗、佟家栋：《产品质量、出口目的地市场与企业加成定价》，载于《国际经贸探索》2016 年第 1 期。

［15］李淑云、慕绣如：《中间品进口与企业生产率——基于进口产品异质性的新检验》，载于《国际经贸探索》2017 年第 11 期。

［16］李卓、赵军：《价格加成、生产率与企业进出口状态》，载于《经济评论》2015 年第 3 期。

［17］刘啟仁、黄建忠：《产品创新如何影响企业加成率》，载于《世界经济》2016 年第 11 期。

［18］刘啟仁、黄建忠：《企业负税如何影响资源配置效率》，载于《世界经济》2018 年第 1 期。

［19］刘啟仁、黄建忠：《异质出口倾向、学习效应与“低加成率陷阱”》，载于《经济研究》2015 年第 12 期。

［20］刘竹青、盛丹：《人民币汇率、成本加成率分布与我国制造业的资源配置》，载于《金融研究》2017 年第 7 期。

［21］罗长远、智艳、王钊民：《中国出口的成本加成率效应：来自泰国的证据》，载于《世界经济》2015 年第 8 期。

［22］毛其淋、许家云：《跨国公司进入与中国本土企业成本加成——基于水平溢出与产业关联的实证研究》，载于《管理世界》2016 年第 9 期。

［23］毛其淋、许家云：《中国对外投资如何影响了企业加成率：事实与机制》，载于《世界经济》2016 年第 6 期。

［24］毛其淋、许家云：《中间品贸易自由化的生产率效应——以中国加入 WTO 为背景的经验研究》，载于《财经研究》2015 年第 4 期。

［25］毛其淋、许家云：《中间品贸易自由化提高了企业加成率吗？——来自中国的证据》，载于《经济学（季刊）》2017 年第 1 期。

［26］毛其淋、许家云：《中间品贸易自由化、制度环境与生产率演化》，载于《世界经济》2015 年第 9 期。

[27] 毛日昇、余林徽、武岩：《人民币实际汇率变动对资源配置效率影响的研究》，载于《世界经济》2017 年第 4 期。

[28] 聂辉华、江艇、杨汝岱：《中国工业企业数据库的使用现状和潜在问题》，载于《世界经济》2012 年第 5 期。

[29] 彭冬冬、刘景卿：《中间品贸易自由化与中国制造业企业的成本加成》，载于《产业经济研究》2017 年第 1 期。

[30] 钱学锋、范冬梅：《国际贸易与企业成本加成：一个文献综述》，载于《经济研究》2015 年第 2 期。

[31] 钱学锋、范冬梅、黄汉民：《进口竞争与中国制造业企业的成本加成》，载于《世界经济》2016 年第 3 期。

[32] 钱学锋、潘莹、毛海涛：《出口退税、企业成本加成与资源误置》，载于《世界经济》2015 年第 8 期。

[33] 钱学锋、王胜、黄云湖、王菊蓉：《进口种类与中国制造业全要素生产率》，载于《世界经济》2011 年第 5 期。

[34] 邱立成、刘灿雷、盛丹：《中国企业对外直接投资与母公司经营绩效——基于成本加成率的考察》，载于《世界经济文汇》2016 年第 5 期。

[35] 曲如晓、刘霞：《外国在华专利申请的技术外溢效应研究》，载于《世界经济》2019 年第 11 期。

[36] 任曙明、张静：《补贴、寻租成本与加成率——基于中国装备制造企业的实证研究》，载于《管理世界》2013 年第 10 期。

[37] 盛斌、陈帅：《全球价值链、企业异质性与企业的成本加成》，载于《产业经济研究》2017 年第 4 期。

[38] 盛丹、刘竹青：《汇率变动、加工贸易与中国企业的成本加成率》，载于《世界经济》2017 年第 1 期。

[39] 盛丹、王永进：《中国企业低价出口之谜——基于企业加成率的视角》，载于《管理世界》2012 年第 5 期。

[40] 盛丹、张国峰：《开发区与企业成本加成率分布》，载于《经济学（季刊）》2017 年第 10 期。

[41] 施秉展、王有鑫、李坤望：《中国出口产品品质测度及其决定因素》，载于《世界经济》2013 年第 9 期。

[42] 施炳展、邵文波：《中国企业出口产品质量测算及其决定因

素——培育出口竞争新优势的微观视角》，载于《管理世界》2014年第9期。

［43］施炳展、张雅睿：《贸易自由化与中国企业进口中间品质量升级》，载于《数量经济技术经济研究》2016年第9期。

［44］宋华盛、朱小明：《中国对外反倾销与制造业企业成本加成》，载于《国际贸易问题》2017年第12期。

［45］孙辉煌、兰宜生：《贸易开放、不完全竞争与成本加成——基于中国制造业数据的实证分析》，载于《财经研究》2008年第8期。

［46］孙小军、张亮、徐小聪、彭婷婷：《政府生产性补贴会促进企业成本加成率增加吗》，载于《宏观经济研究》2017年第3期。

［47］田巍、余淼杰：《中间品贸易自由化和企业研发：基于中国数据的经验分析》，载于《世界经济》2014年第6期。

［48］魏浩、李翀、赵春明：《中间品进口的来源地结构与中国企业生产率》，载于《世界经济》2017年第6期。

［49］席艳乐、胡强：《企业异质性、中间品进口与出口绩效——基于中国企业微观数据的实证研究》，载于《产业经济研究》2014年第5期。

［50］徐蕾、尹翔硕：《不完全竞争、贸易与资源配置扭曲》，载于《国际贸易问题》2013年第1期。

［51］许家云、毛其淋、胡鞍钢：《中间品进口与企业出口产品质量升级：基于中国证据的研究》，载于《世界经济》2017年第3期。

［52］许家云、毛其淋：《人民币汇率水平与出口企业加成率——以中国制造业企业为例》，载于《财经研究》2016年第1期。

［53］许明、李逸飞：《中国出口低加成率之谜：竞争效应还是选择效应》，载于《世界经济》2018年第8期。

［54］殷德生、唐海燕、黄腾飞：《国际贸易、企业异质性与产品质量升级》，载于《经济研究》2011年第2期。

［55］余淼杰、李晋．进口类型、行业差异化程度与企业生产率提升［J］．经济研究，2015（8）：85－113.

［56］余淼杰、李乐融：《贸易自由化与进口中间品质量升级——来自中国海关产品层面的证据》，载于《经济学（季刊）》2016年第4期。

［57］余淼杰、袁东：《贸易自由化、加工贸易与成本加成——来

自我国制造业企业的证据》，载于《管理世界》2016 年第 9 期。

[58] 余淼杰：《中国的贸易自由化与制造业企业生产率：来自企业层面的实证分析》，载于《经济研究》2010 年第 12 期。

[59] 岳文：《贸易自由化、进口竞争与企业成本加成》，载于《中国经济问题》2017 年第 1 期。

[60] 张杰、郑文平、陈志远：《进口与企业生产率——中国的经验证据》，载于《经济学（季刊）》2015 年第 4 期。

[61] 张翊、陈雯、骆时雨：《中间品进口对中国制造业全要素生产率的影响》，载于《世界经济》2015 年第 9 期。

[62] 赵瑞丽、孙楚仁、陈勇兵：《最低工资与企业价格加成》，载于《世界经济》2018 年第 2 期。

[63] 郑亚莉、王毅、郭晶：《进口中间品质量对企业生产率的影响：不同层面的实证》，载于《国际贸易问题》2017 年第 6 期。

[64] 诸竹君、黄先海、宋学印、胡馨月、王煌：《劳动力成本上升、倒逼式创新与中国企业加成率动态》，载于《世界经济》2017 年第 8 期。

[65] 诸竹君：《进口中间品能否提升中国工业企业加成率》，载于《中南财经政法大学学报》2017 年第 2 期。

[66] 祝树金、张鹏辉：《出口企业是否有更高的价格加成：中国制造业的证据》，载于《世界经济》2015 年第 4 期。

[67] 祝树金、钟腾龙、李仁宇：《间品贸易自由化与多产品出口企业的产品加成率》，载于《中国工业经济》2018 年第 1 期。

[68] 宗慧隽、范爱军：《贸易自由化、行业质量差异化程度与企业加成率》，载于《国际经贸探索》2018 年第 7 期。

[69] Abraham F. , Konings J. and Vanormelingen S. , The Effect of Globalization on Union Bargaining and Price-cost Margins of Firms. *Review of World Economics*, Vol. 145, No. 1, 2009, pp. 13 – 36.

[70] Acharya R. C. and Keller W, Technology Transfer through Imports. NBER Working Paper, No. 13086, 2007.

[71] Ackerberg D. A. , Caves K. and Frazer G. , Identification Properties of Recent Production Function Estimators. *Ecomometrica*, Vol. 83, No. 6, 2015, pp. 2411 – 2451.

[72] Aghion P., Bergeaud A., Lequien M. and Melitz M. J., The Impact of Exports on Innovation: Theory and Evidence. NBER Working Paper, No. 24600, 2018.

[73] Ahn J. B. and Khandelwal A. and Wei S. J., The Role of Intermediaries in Facilitating Trade. *Journal of International Economics*, Vol. 84, No. 1, 2011, pp. 73 – 85.

[74] Altomonte C. and Barattieri A., Endogenous Markups, International Trade, and the Product Mix. *Journal of Industry Competition and Trade*, Vol. 15, No. 3, 2007, pp. 205 – 221.

[75] Altomonte C., Barattieri A. and Rungi A., Import Penetration, Intermediate Inputs and Productivity: Evidence from Italian Firms. DYNREG Working Paper, No. 23, 2008.

[76] Amiti M. and Konings J., Trade Liberalization, Intermediate Inputs, and Productivity: Evidence from Indonesia. *The American Economic Review*, Vol. 97, No. 5, 2007, pp. 1611 – 1638.

[77] Amiti M. and Khandelwal A. K., Import Competition and Quality Upgrading. *The Review of Economics and Statistics*, Vol. 95, No. 2, 2013, pp. 476 – 490.

[78] Amiti M., Itskhoki O. and Konings J., Importers, Exporters, and Exchange Rate Disconnect. *American Economic Review*, Vol. 104, No. 7, 2014, pp. 1942 – 1978.

[79] Antràs P., Firms, Contracts, and Trade Structure. *The Quarterly Journal of Economics*, Vol. 118, No. 4, 2003, pp. 1375 – 1418.

[80] Antoniades, A., Heterogeneous Firms, Quality, and Trade. *Journal of International Economics*, Vol. 95, No. 2, 2015, pp. 263 – 273.

[81] Arkolakis C., Costinot A. and Rodríguez – Clare A., New Trade Models, Same Old Gains? . *American Economic Review*, Vol. 102, No. 1, 2012, pp. 94 – 130.

[82] Arkolakis C., Costinot A., Donaldson D. and Rodríguez – Clare A., The Elusive Pro – Competitive Effects of Trade. NBER Working Papers, No. 21370, 2015.

[83] Atkeson A. and Burstein A., Pricing-to – Market, Trade Costs,

and International Relative Prices. *American Economic Review*, Vol. 98, No. 5, 2008, pp. 1998 –2031.

[84] Augier P., Cadot O. and Dovis M., Imports and TFP at the Firm Level: the Role of Absorptive Capacity. *Canadian Journal of Economics*, Vol. 46, No. 3, 2013, pp. 956 –981.

[85] Badinger H., Has the EU's Single Market Programme Fostered Competition? Testing for a Decrease in Mark-up Ratios in EU Industries. *Oxford Bulletin of Economics and Statistics*, Vol. 69, No. 4, 2007, pp. 497 –519.

[86] Baron R. M and Kenny D. A., The Moderator – Mediator Variable Distinction in Social Psychological Research: Conceptual, Strategic, and Statistical Considerations. *Journal of Personality and Social Psychology*, Vol. 51, No. 6, 1986, pp. 1173 –1182.

[87] Bas M. and Strauss – Kahn V., Input-trade Liberalization, Export Prices and Quality Upgrading. *Journal of International Economics*, Vol. 95, No. 2, 2015, pp. 250 –262.

[88] Becker S. O. and Ichino A., Estimation of Average Treatment Effects Based on Propensity Scores. *Stata Journal*, Vol. 2, No. 4, 2002, pp. 358 –377.

[89] Berman N., Martin P. and Mayer T., How Do Different Exporters React to Exchange Rate Changes? . *Quarterly Journal of Economics*, Vol. 127, No. 1, 2012, pp. 437 –492.

[90] Bernard A. B., Eaton J., Jenson J. B. and Kortum S., Plants and Productivity in International Trade. *American Economic Review*, Vol. 93, No. 4, 2003, pp. 1268 –1290.

[91] Bellone F., Musso P., Nesta L. and Warzynski F., Endogenous Markups, Firm Productivity and International Trade: Testing Some Micro – Level Implications of the Melitz – Ottaviano Model. University of Aarhus Working Papers, No. 08 –20, 2012.

[92] Bellone F., Musso P., Nesta L. and Warzynski F., International Trade and Firm – Level Markups when Location and Quality Matter. *Journal of Economic Geography*, Vol. 16, No. 1, 2016, pp. 67 –91.

［93］ Beveren I. V.， Total Factor Productivity Estimation: A Practical Review. *Journal of Economic Surveys*， Vol. 26， No. 1， 2012， pp. 98 – 128.

［94］ Biesebroeck J. V.， The Sensitivity of Productivity Estimates: Revisiting Three Important Debates. *Journal of Business and Economic Statistics*， Vol. 26， No. 3， 2008， pp. 311 – 328.

［95］ Blonigen B. A， Liebman B. H. and Wilson W. W.， Trade Policy and Market Power: the Case of the Us Steel Industry. *Social Science Electronic Publishing*， Vol. 26， No. 10， 2007， pp. 666 – 671.

［96］ Brandt L.， Biesebroeck J. V. and Zhang Y.， Creative Accounting or Creative Destruction? Firm-level Productivity Growth in Chinese Manufacturing. *Journal of Development Economics*， Vol. 97， No. 2， 2012， pp. 339 – 351.

［97］ Bresnahan T. F.， Competition and Collusion in the American Automobile Industry: The 1955 Price War. *The Journal of Industrial Economics*， Vol. 35， No. 4， 1987， pp. 457 – 482.

［98］ Broda C. and Weinstein D. E.， Globalization and the Gains from Variety. *Quarterly Journal of Economics*， Vol. 121， No. 2， 2006， pp. 541 – 585.

［99］ Caselli M.， Trade， Skill – Biased Technical Change and Wages in Mexican Manufacturing. *Applied Economics*， Vol. 46， No. 3， 2014， pp. 336 – 348.

［100］ Caselli M.， Chatterjee A. and Woodland A.， Multi-product Exporters， Variable Markups and Exchange Rate Fluctuations. *Canadian Journal of Economics*， Vol. 50， No. 4， 2017， pp. 1130 – 1160.

［101］ Chen N.， Imbs J. and Scott A.， The Dynamics of Trade and Competition. *Journal of International Economics*， Vol. 77， No. 1， 2009， pp. 50 – 62.

［102］ Coe D. T. and Helpman E.， International R&D Spillovers. *European Economic Review*， Vol. 9， No. 5， 1995， pp. 859 – 887.

［103］ De Loecker J. and Warzynski F.， Markups and Firm-level Export Status. *American Economic Review*， Vol. 102， No. 6， 2012， pp. 2437 – 2471.

[104] De Loecker J., Goldberg P. K., Khandelwal A. K. and Pavcnik N., Prices, Markups and Trade Reform. *Econometrica*, Vol. 84, No. 2, 2016, pp. 445 – 510.

[105] Dhingra S. and Morrow J., Monopolistic Competition and Optimum Product Diversity Under Firm Heterogeneity. *Journal of Political Economy*, Vol. 127, No. 1, 2019, pp. 96 – 232.

[106] Domowitz I., Hubbard R. G. and Petersen B. C., Business Cycles and the Relationship between Concentration and Price – Cost Margins. *Rand Journal of Economics*, Vol. 17, No. 1, 1986, pp. 1 – 17.

[107] Domowitz I., Hubbard R. G. and Petersen B. C., Market Structure and Cyclical Fluctuations in U. S. Manufacturing. *The Review of Economics and Statistics*, Vol. 70, No. 1, 1988, pp. 55 – 66.

[108] Eaton J. and Kortum S., Trade in Capital Goods. *European Economic Review*, Vol. 45, No7, 2001, pp. 1195 – 1235.

[109] Eaton J. and Kortum S., Technology, Geography, and Trade. *Econometrica*, Vol. 70, No. 5, 2002, pp. 1741 – 1780.

[110] Edmond C., Midrigan V. and Xu D. Y., Competition, Markups, and the Gains from International Trade. NBER Working Papers, No. 18041, 2012.

[111] Epifani P. and Gancia G., Trade, markup heterogeneity and misallocations. *Journal of International Economics*, Vol. 83, No. 1, 2011, pp. 1 – 13.

[112] Ethier W., National and International Returns to Scale in the Modern Theory of International Trade. *American Economic Review*, Vol. 72, No. 3, 1982, pp. 389 – 405.

[113] Fan H., Li Y. A. and Yeaple S. R., Trade Liberalization, Quality, and Export Prices. *Review of Economics and Statistics*, Vol. 97, No. 5, 2015, pp. 1033 – 1051.

[114] Fan H., Li Y. A. and Luong T. A., Trade Liberalization and Markups: Micro Evidence from China. *Journal of Comparative Economics*, Vol. 46, No. 1, 2017, pp. 103 – 130.

[115] Feenstra R. C., Measuring the Gains from Trade under Monopo-

listic Competition. *Canadian Journal of Economics*, Vol. 3, No. 1, 2010, pp. 1 –28.

[116] Feenstra R. C. and Weinstein D. E., Globalization, Markups and the US Price Level. National Bureau of Economic Research, No. w15749, 2010.

[117] Feenstra R. C., Li Z. and Yu M., Exports and Credit Constraints Under Incomplete Information: Theory and Evidence from China l. *Review of Economics and Statistics*, Vol. 96, No. 4, 2014, pp. 729 –744.

[118] Forlani, E., Irish Firms' Productivity and Imported Inputs. *Manchester School*, Vol. 85, No. 6, 2017, pp. 710 –743.

[119] Fuss C. and Warzynski F., The Determinants of Markups on Export Markets: A Firm Product Market Analysis. *The American Economic Review*, Vol. 102, No. 6. 2012, pp. 2437 –2471.

[120] Goldberg P. K., Khandelwal A. K., Pavcnik N. and Topalova P., Imported Intermediate Inputs and Domestic Product Growth: Evidence from India. *The Quarterly Journal of Economics*, Vol. 125, No. 4, 2010, pp. 1727 –1767.

[121] Görg H. and Warzynski F., Price Cost Margins and Exporting Behavior: Evidence from Firm Level Data. German Institute for Economic Research, Discussion Papers of DIW, No. 365, 2003.

[122] Görg H. and Warzynski F., the Dynamics of Price Cost Margins: Evidence From UK Manufacturing. *Revue de l'OFCE*, Vol. 97, No. 5, 2006, pp. 303 –318.

[123] Görg H., Halpern L. and Muraközy B., Why do within Firm-product Export Prices Differ Across Markets? . Kiel Working Paper, No. 1596, 2010.

[124] Griffith R., Redding S. and Reenen J. V., Mapping the Two Faces of R&D: Productivity Growth in a Panel of OECD Industries. *Review of Economics and Statistics*, Vol. 86, No. 4, 2004, pp. 883 –895.

[125] Grossman G. M. and Helpman E., *Innovation and Growth In the Global Economy*. Cambridge, MA: MIT Press, 1991, pp. 323 –324.

[126] Hall R. E., Blanchard O. J. and Hubbard R. G., Market Struc-

ture and Macroeconomic Fluctuations. *Brookings Papers on Economic Activity*, Vol. 17, No. 2, 1986, pp. 285 – 338.

[127] Halpern L., Koren M. and A. Szeidl., Imported Inputs and Productivity. *American Economic Review*, Vol. 105, No. 12, 2015, pp. 3660 – 3703.

[128] Harrison A. E., Productivity, Imperfect Competition and Trade Reform: Theory and Evidence. *Journal of International Economics*, Vol. 36, No. 1, 1994, pp. 53 – 73.

[129] Holmes T. J., Hsu W. T. and Lee S., Allocative Efficiency, Markups, and the Welfare Gains from Trade. NBER Working Paper, No. 19273, 2013.

[130] Joel M. D., Competition, Innovation, and the Sources of Product Quality and Productivity Growth. Mimeo, 2011.

[131] Johnson R. C., Trade and Prices with Heterogeneous Firms. *Journal of International Economics*, Vol. 86, No. 1, 2012, pp. 43 – 56.

[132] Kasahara H. and Rodrigue J., Does the Use of Imported Intermediates Increase Productivity? Plant-level Evidence. *Journal of Development Economics*, Vol. 87, No. 1, 2008, pp. 106 – 118.

[133] Konings J., Cayseele P. V. and Warzynski F., The Dynamics of Industrial Mark-ups in Two Small Open Economies: Does National Competition Policy Matter? . *International Journal of Industrial Organization*, Vol. 19, No. 5, 2001, pp. 841 – 859.

[134] Konings J. and Vandenbussche H., Antidumping Protection and Markups of Domestic Firms. *Journal of International Economics*, Vol. 65, No. 1, 2005, pp. 151 – 165.

[135] Krugman P. R., Increasing Returns, Monopolistic Competition, and International Trade. *Journal of International Economics*, Vol. 9, No. 4, 1979, pp. 469 – 479.

[136] Krugman P. R., Scale Economics, Product Differentiation, and the Pattern of Trade. *American Economic Review*, Vol. 70, 1980, pp. 950 – 959.

[137] Kugler M. and Verhoogen E., The Quality – Complementarity

Hypothesis: Theory and Evidence from Colombia. NBER Working Paper, No. 14418, 2008.

[138] Kugler M. and Verhoogen E., Prices, Plant Size and Product Quality. *Review of Economic Studies*, Vol. 79, No. 1, 2012, pp. 307 – 339

[139] Lerner A., The Concept of Monopoly and the Measurement of Monopoly Power. *Review of Economic Studies*, Vol. 1, No. 3, 1934, pp. 157 – 175.

[140] Leuven E. and Sianesi B., PSMATCH2: Stata module to perform full Mahalanobis and propensity score matching, common support graphing, and covariate imbalance testing. Statistical Software Components S432001, Department of Economics, Boston, 2003.

[141] Levinsohn J., Testing the Imports-as – Market – Discipline Hypothesis. *Journal of International Economics*, Vol. 35, 1993, pp. 1 – 22.

[142] Levinsohn J. and Petrin A., Estimating Production Function Using Inputs to Control for Observables. *Review of Economic Studies*, Vol. 70. No. 2, 2003, pp. 317 – 341.

[143] Lileeva A. and Trefler D., Improved Access to Foreign Markets Raises Plant-level Productivity for Some Plants. *The Quarterly Journal of Economics*, Vol. 125, No. 3, 2010, pp. 1051 – 1099.

[144] Lu Y., Tao Z. and Yu L., Agglomeration and Markup. MPRA Paper, No. 38974, 2012.

[145] Lu Y. and Yu L., Trade Liberalization and Markup Dispersion: Evidence from China's WTO Accession. *American Economic Journal: Applied Economics*, Vol. 7, No. 4, 2015, pp. 221 – 53.

[146] Manova K. and Zhang Z., Quality Export Prices Across Firms and Destinations. *Quarterly Journal of Economics*, Vol. 127, No. 1, 2012, pp. 379 – 436.

[147] Martín L. M and Rodríguez D., Export Activity, Persistence and Mark-ups. *Applied Economics*, Vol. 42, No. 4, 2010, pp. 475 – 488.

[148] Martin J., Markups, Quality, and Transport Costs. *European Economic Review*, Vol. 56, No. 4, 2012, pp. 777 – 791.

[149] Melitz M. J., The Impact of Trade on Intra – Industry Realloca-

tions and Aggregate Industry Productivity. *Econometrica*, Vol. 71, No. 6, 2003, pp. 1695 – 1725.

[150] Melitz M. J. and Ottaviano G. I. P., Market Size, Trade, and Productivity. *Review of Economic Studies*, Vol. 75, No. 1, 2008, pp. 295 – 316.

[151] Muendler M. A., Trade, Technology, and Productivity: A Study of Brazilian Manufacturers, 1986 – 1998. Economics Working Paper, Series06, 2004.

[152] Noria G. L., the Effect of Trade Liberalization on Manufacture Price Cost Margins: the Case of Mexico, 1994 – 2003. *Working Papers*, Vol. 128, No. 15, 2013, pp. 25 – 36.

[153] Olley G. S. and Pakes A., The Dynamics of Productivity in the Telecommunications Equipment Industry. *Econometrica*, Vol. 64, No. 6, 1996, pp. 1263 – 1297.

[154] Peluffo A. and Zaclicever D., Imported Intermediates and Productivity: Does Absorptive Capacity Matter? A Firm – Level Analysis for Uruguay. Documentos De Trabajo, 2013.

[155] Peters M., Heterogeneous Mark-ups and Endogenous Misallocation. MIT Working Paper, 2011.

[156] Rauch J. E., Networks Versus Markets in International Trade. *Journal of International Economics*, Vol. 48, 1999, pp. 7 – 35.

[157] Rivera – Batiz L. A. and Romer P. M., Economic Integration and Endogenous Growth. *Quarterly Journal of Economics*, Vol. 106, No. 2, 1991, pp. 531 – 555.

[158] Robinson A., The Problem of Management and the Size of Firms. *Economic Journal*, Vol. 44, No. 174, 1934, pp. 242 – 257.

[159] Roeger W., Can Imperfect Competition Explain the Difference between Primal and Dual Productivity Measures? Estimates for U. S. Manufacturing. *Journal of Political Economy*, Vol. 103, No. 2, 1995, pp. 316 – 330.

[160] Romer P. M., Endogenous Technical Change. *Journal of political economy*, Vol. 98, No. 5, 1990, pp. 71 – 102.

[161] Schor A., Heterogeneous Productivity Response to Tariff Reduc-

tion: Evidence from Brazilian Manufacturing Firms. *Journal of Development Economics*, *Vol.* 75, No. 2, 2004, pp. 373 –396.

[162] Sembenelli A. and Siotis G., Foreign Direct Investment and Mark-up Dynamics: Evidence from Spanish Firms. *Journal of International Economics*, Vol. 76, No. 1, 2008, pp. 107 –115.

[163] Sharma C. and Mishra R. K., International Trade and Performance of Firms: Unraveling Export, Import and Productivity Puzzle. *Quarterly Review of Economics and Finance*, Vol. 57, 2015, pp. 61 –74.

[164] Shepherd B. and Stone S., Imported Intermediates, Innovation, and Product Scope: Firm-level Evidence from Developing Countries. Mpra Paper, 2012.

[165] Simonovska I., Income Differences and Prices of Tradables. NBER Working Paper, No. 16233, 2010.

[166] Siotis G., Competitive Pressure and Economic Integration: an Illustration for Spain, 1983 –1996. *International Journal of Industrial Organization*, Vol. 21, No. 10, 2003, pp. 1435 –1459.

[167] Sobel M. E., Asymptotic Confidence Intervals for Indirect Effects in Structural Equation Models. *Sociological Methodology*, Vol. 13, No. 13, 1982, pp. 290 –312.

[168] Solow R. M., A Contribution to the Theory of Economic Growth. *Quarterly Journal of Economics*, Vol. 70, No. 1, 1956, pp. 65 –94.

[169] Topalova P., Factor Immobility and Regional Impacts of Trade Liberalization: Evidence on Poverty and Inequality from India. *American Economic Journal*: *Applied Economics*, Vol. 2, 2010, pp. 1 –41.

[170] Topalova P. and Khandelwal A., Trade Liberalization and Firm Productivity: The Case of India. *Review of Economics and Statistics*, Vol. 9, 2011, pp. 995 –1009.

[171] Tybout J. R., Plant and Firm-level Evidence on "New" Trade Theories. *Handbook of International Trade*, Vol. 1, 2003, pp. 388 –415.

[172] Vogel A. and Wagner J., Higher Productivity in Importing German Manufacturing Firms: Self – Selection, Learning from Importing, or Both? . *Review of World Economics*, Vol. 145, No. 4, 2010, pp. 641 –665.

[173] Xu B. and Wang J. , Capital Goods Trade and R&D Spillovers in the OECD. *Canadian Journal of Economics*, Vol. 32, No. 5, 1999, pp. 1258 – 1274.

[174] Yu M. , Processing Trade, Tariff Reductions and Firm Productivity: Evidence from Chinese Firms. *Economic Journal*, Vol. 125, 2015, pp. 943 – 988.

[175] Zaclicever D. and Pellandra A. , Imported Inputs, Technology Spillovers and Productivity: Firm-level Evidence from Uruguay. *Review of World Economics*, Vol. 154, 2018, 725 – 743.